W0197259

#LERNSIEG

MIX
Papier aus verantwor-
tungsvollen Quellen
FSC® C083411

Benjamin Hadrigan:
#Lernsieg
Alle Rechte vorbehalten
© 2019 edition a, Wien
www.edition-a.at

Cover: JaeHee Lee
Satz: Isabella Starowicz und Lucas Reisigl
Lektorat: Thomas Schrems

Gesetzt in der Premiera
Gedruckt in Deutschland

1 2 3 4 5 — 23 22 21 20 19

ISBN 978-3-99001-317-5

*Die Namen der im Buch zitierten
Nachhilfeschüler wurden teilweise geändert.*

BENJAMIN HADRIGAN

#LERNSIEG

ERFOLGREICH LERNEN
MIT SNAPCHAT, INSTAGRAM
UND WHATSAPP

edition a

INHALT

Für meine Großtante Erika

KEINE LUST AUF SCHULE?

Du hast Probleme in der Schule?
Du schreibst schlechte Noten?
Du lernst ohne Erfolg?
Du lernst gar nicht?
Du fühlst dich dumm und demotiviert?
Du siehst keinen Sinn in der Schule?
Du willst die Schule abbrechen?
Du denkst, du schaffst es nicht mehr?

Dann bist du hier genau richtig! Wenn auch nur einer dieser Punkte auf dich zutrifft (Ich hoffe, das Du ist in Ordnung), dann wird dieses Buch wie ein Rettungsring auf einem untergehenden Schiff sein. Dieses Buch wird für dich der Schlüssel zum langfristigen Lernerfolg sein.

Warum?

Ich selbst war in deiner Lage. Ich hasste die Schule. Sie stellte für mich ein Folterinstrument dar, welches Tag für Tag brutaler wurde. Ich wäre beinahe durchgefallen und wollte die Schule abbrechen. Mir wurde gesagt ich sei zu dumm für ein Gymnasium, ich würde es niemals schaffen.

Seitdem ich 15 Jahre alt bin, ist alles anders. Ich schreibe nur noch Einsen. Wurde zum Klassenbesten. Ich fing neben der Schule sogar schon zu studieren an.

Wie hat ein Schulversager wie ich das geschafft? Wie gelang mir der Sprung vom schlechten Schüler zum Lernsieger mit Social Media in kurzer Zeit? Was hat sich da plötzlich geändert? Und noch viel wichtiger:

Wie wirst auch du ein Lernsieger
mit Social Media?

Das alles werde ich dir in diesem Buch Schritt für Schritt erklären.

Aber Achtung! Dieses Buch ist nur für diejenigen geschrieben, die wirklich etwas an ihrer Lage ändern wollen.

Ich konnte in den vergangenen Jahren das Leben von etwa 200 Nachhilfeschülern verändern. Mit meiner eigenen Lernstrategie, die ich jahrelang weiterentwickelt habe.

Mein Versprechen an dich: Nach diesem Buch werden sich deine Noten maßgeblich zum Besseren verändern! Aber nur, wenn du auch bereit bist, die darin beschriebenen Strategien anzuwenden und diszipliniert umzusetzen.

Ich selbst habe erlebt, wie schwierig es sein kann, für die Schule zu lernen, ohne zu wissen, wie Lernen eigentlich geht.

Ich möchte dir deshalb eine lange, mühsame Schulzeit voller Misserfolge ersparen und dir zeigen, wie du mit ein paar Tipps und Tricks langfristigen Lernerfolg haben kannst.

Bevor du anfängst, mit diesem Buch dein Leben zu verändern, sollst du etwas wissen. Dass du derzeit noch schlecht in der Schule bist, ist nicht allein deine Schuld. Du befindest dich in einem veralteten Schulsystem. In diesem System ist es ohne das Wissen, das du gleich bekommen wirst, verdammt schwierig, Lernerfolg zu haben.

Vielleicht denkst du manchmal: Die meisten Lehrer werden nicht Lehrer, weil sie es wollen, sondern, weil sie es müssen. Es ist für sie Plan B, nachdem Plan A nicht funktioniert hat. Bedeutende Schriftsteller, Maler oder Mathematiker wurden sie nicht, aber zum Lehrer hat es dank ihrer Ausbildung gereicht. Weil Lehrer zu sein nicht ihre große Leidenschaft ist, können sie gar nicht anders, als den Stoff zu verlangweilen. Sie interessieren sich ja selbst nicht besonders dafür.

So habe ich früher auch gedacht. Heute weiß ich, dass die Lehrer so wie ich Opfer dieses veralteten Schulsystems sind. Eines Schulsystems, das unsere natürliche Wissbegierde langsam aber sicher zerstört.

Denk einfach daran, wie gerne wir früher neue Dinge gelernt haben. Wie du dich auf deinen ersten Schultag gefreut hast. Wie du dir dein neues Leben als Schüler in den buntesten Farben ausgemalt hast.

Wir sind ja nicht mit einer Lernabneigung zur Welt gekommen. Es hat uns Spaß gemacht, das Sprechen zu lernen. Es hat uns Spaß gemacht, jeden Tag ein Abenteuer zu erleben und dadurch Erfahrungen zu sammeln. Erfahrungen, die uns Tag für Tag klüger gemacht haben. Es hat uns Spaß gemacht zu hinterfragen.

Warum ist die Erde keine Scheibe?

Mama, warum regnet es heute?

Papa, was bedeutet dieses Wort?

In jedem von uns loderte dieses Feuer der Wissbegier.

Doch warum verlieren tausende Schüler diese Leidenschaft zu lernen? Was passiert mit diesen Schülern?

Sie kommen in die Volksschule. Dort erfahren sie zum ersten Mal, dass ihre Fragen dumm sein können. Dass sie ruhig sitzen müssen, nicht widersprechen dürfen. Dass sie einer fremden Person zuhören müssen und von dieser Person mit schlechten Noten oder Zusatz-Hausübungen »bestraft« werden, wenn sie etwas »falsch« machen.

Hier beginnt es. Jeden Tag tröpfelt das Schulsystem ein wenig Wasser auf die Flammen der Wissbegierde. Das tut es so lange, bis es den Jugendlichen reicht und sie Aggression, Frust und Angst entwickeln.

Dadurch wird alles noch schlimmer, weil die Lehrer über dieses Verhalten urteilen und die Schüler im schlimmsten Fall der Schule verweisen können.

Wer auffällig ist, nervt. Wer zu viel wissen will, nervt. Wer gegen altes, starres Denken rebelliert, nervt. Anderssein als die Masse ist ein No-Go. Sich Auflehnen ist ein No-Go. No-Gos werden bestraft. Ruhig sitzen müssen. Brav mitschreiben. Sprechverbot. Das Leben ist kein Wunschkonzert, Kinder! So fängt es an. Jede einzelne, noch so kleine »Strafe« ist ein Tropfen Wasser auf die Flamme unserer Wissbegier. Jeder einzelne Tropfen bringt unsere Neugier zum Erlöschen.

Und wie reagieren wir? Wir reagieren auf unsere Weise. Noch mehr Frust. Schweigen. Angst. Aggression. Blockade. Totalausfall. Bis an die Grenzen der Selbstzerstörung.

Das Schlimmste dabei: Niemand bringt uns bei, richtig zu lernen. Warum eigentlich nicht? Wir lernen doch auch zu gehen, bevor wir rennen können. Wieso wirft uns das Schulsystem so brutal ins kalte Wasser? Diejenigen, deren Eltern Akademiker oder Lernpädagogen sind, werden viel leichter schulisch erfolgreich. Viele andere müssen jeden Tag einen Lernkampf durchleben. All das könnten die Schulen mit ein bis zwei Tagen Lerncoaching zu Beginn jedes Schuljahres lösen. Schüler hätten vom ersten Schultag an positive Lernerfahrungen und mehr Zeit für ihre Hobbys. Nicht nur die Schüler, sondern auch die Eltern und Lehrer hätten viel weniger Stress.

Ich bin dafür, dass Lehrer nach den Leistungen ihrer Schüler bezahlt werden. Ich bin sicher, sie kämen sehr schnell selbst auf die Idee, ihren Schülern das Lernen beizubringen. Alles wäre besser, und so absurd, wie sie vielleicht für Lehrergewerkschafter klingt, ist die Idee gar nicht. In Finnland sind vierzig Prozent der Lehrergehälter leistungsabhängig.

Doch es gibt auch zwei gute Nachrichten.

DIE ERSTE GUTE NACHRICHT

Dieses Schulsystem wird in sich zusammenbrechen. Es stammt in seinen Grundzügen aus dem 18. Jahrhundert. Seither hat sich alles verändert. Jetzt ist das Internet die Veränderung. Alles, was sich nicht mitverändert, geht unter.

DIE ZWEITE GUTE NACHRICHT

Du wirst zwar noch mit dem alten System auskommen müssen, aber du kannst schon jetzt so lernen, wie es in Zukunft alle tun werden. Das zeige ich dir in den nächsten Kapiteln.

Vorweg kann ich dir folgenden Ratschlag geben: Stell dir deine schlechten Erfahrungen mit der Schule wie schwarzes Wasser vor. Dieses Wasser ist kalt und rinnt jeden Tag über dich. Es ist unangenehm und du hasst dieses Wasser. Allerdings passiert dir nichts. Es bringt dich ja nicht um oder so.

Nachdem du mit diesem Wasser überspült worden bist, steigst du aus der Dusche namens Schule und trocknest dich ab, als wäre nichts gewesen. Üble Lehrer und schlechte Noten sind einfach nur kaltes, schwarzes Wasser.

Es sieht nicht gut aus und ist unangenehm. Doch es ist immer deine Entscheidung, ob du dich nach einer Dusche mit diesem ungewollten Wasser wieder abtrocknest oder nicht. Gefährlich für dich wird es erst, wenn du dein Leben lang nass bleibst.

Entscheidest du dich dafür, diese negativen Erfahrungen einfach abzutrocknen, setzt du den ersten Grundstein für deinen Lernerfolg. Dieser Grundstein heißt:

Durchhaltevermögen

Es kann schon sein, dass du wirklich schlechte Erfahrungen mit der Schule gemacht hast. Dass dich andere Schüler oder vielleicht sogar Lehrer gemobbt haben, oder es sich für dich zumindest so angefühlt hat.

Aber all das ist bloß schwarzes Wasser und nur dann gefährlich, wenn du dich nicht mehr abtrocknest und weitermachst.

Wenn du in die Schule gehst, kann es dir passieren, dass das System dich von Montag bis Freitag mit kaltem, schwarzem Wasser duscht. Genau deshalb rebellieren tausende Schüler und brechen die Schule sogar ab.

Was für ein Fehler! Sie haben Probleme und geben diesem ohnedies schon kaputten System am Ende auch noch die Genugtuung, sie gebrochen zu haben.

Ich hatte schon Nachhilfeschüler, die nur wegen eines einzigen Lehrers die Schule abbrechen wollten.

Ich kann mich noch an ein Gespräch mit so einem Nachhilfeschüler erinnern. Zum Schutz seiner Privatsphäre habe ich seinen Namen im folgenden Dialog auf Max geändert.

»Benni«, sagte Max auf einmal und sah mich entschlossen an, »wir können das jetzt sein lassen.«

»Was sein lassen, Max?«

»Das mit der Nachhilfe.«

Für einen Moment dachte ich, dass ihm auf einmal zu einhundert Prozent klar war, worauf es auf seinem Weg zum Lernsieger mit Social Media ankam. Max war an sich klug, und er war ja auch auf einem guten Weg. Also freute ich mich darauf, ihn bald wieder als Schüler zu verlieren.

»Ich schreibe die Prüfung nicht«, sagte Max.

»Bist du verrückt? Was ist passiert?«

»Gar nichts«, sagte Max. »Nur, dass wir heute wieder Mathe hatten.«

»Ja, und?«

»Ich bin zu blöd fürs Gymnasium.«

»Sagt wer?«

»Meine Lehrerin. Sie sagte, ich solle lieber die Schule wechseln. Weil ich die Prüfung sowieso nicht schaffen würde.«

Max meinte es absolut ernst. Er wollte wirklich alles hinschmeißen. Ich überlegte kurz.

»Du hast recht«, sagte ich schließlich. »Du bist wirklich zu blöd.«

Max sah mich böse an. »Spinnst du? Erst redest du mir dauernd ein, ich würde immer besser ... und jetzt sagst du das? Warum bin ich auf einmal zu blöd für Mathe? Du bist echt ein A–«

»Du bist auch nicht zu blöd für Mathe«, sagte ich. »Du bist mittlerweile richtig gut darin. Und auch in anderen Fächern. Ich bin mir sicher, du würdest die Prüfung locker schaffen. Trotzdem bist du zu blöd.«

Max wirkte jetzt schon ziemlich sauer.

»Du bist blöd, weil du deiner Lehrerin so viel Macht über dich gibst«, sagte ich. »Du erlaubst einem im Prinzip wildfremden Menschen, über dein Leben zu entscheiden.«

Max starrte mich an.

»Gehst du zu einem Straßenkehrer, wenn du einen medizinischen Rat brauchst?«, fragte ich ihn.

»Lehrer sind keine Straßenkehrer. Sie haben eine jahrelange Ausbildung.«

»So ist es, Max. Sie sind dazu ausgebildet, dir Mathe beizubringen. Oder Geschichte. Oder was auch immer. Aber sie sind nicht dazu ausgebildet, dein Gehirn oder deine Begabungen zu beurteilen.«

Max ließ nicht locker. »Aber bei Prüfungen oder Schularbeiten beurteilen sie mich auch.«

»Dafür haben sie einen Notenschlüssel. Das gibt ihnen noch lange nicht das Recht, diesen Notenschlüssel auch auf dich als Mensch anzuwenden. Deine Mathelehrerin kennt dich ja nur aus dem Unterricht.«

»Aber sie weiß, dass ich schlecht bin.«

»Sie weiß, dass du schlecht *warst*. Warst! Sie ist kein Orakel. Sie kann nicht in deine Zukunft blicken.«

Ich hatte den Eindruck, dass Max allmählich verstand.

Woher sollte seine Mathelehrerin wissen, wie er bei der Prüfung abschneiden würde? Wie schlecht oder gut vorbereitet er antreten würde?

Für die Prüfungen davor hatte Max gar nicht gelernt. Und wenn doch, dann mit der falschen Taktik. Ohne die richtigen Lerntechniken. Doch diesmal würde es anders sein. Und seine Lehrerin wusste nichts davon.

»Ist deine Lehrerin ein Orakel?«, fragte ich Max. »Kann sie in die Zukunft blicken? Ist sie ein Alien? Ist sie Gott? Du hast dieses Mal anders und besser gelernt, richtig?«

Acht Tage später erhielt Max seine erste Eins.

Seine Lehrerin meinte, er habe geschummelt.

Das Schöne dabei ist:

Wenn du gute Noten hast, bist du unbesiegbar.

Also? Bist du bereit, Schulerfolg zu haben? Bist du bereit, ein Lernsieger mit Social Media zu werden?

Schön! Let's do it!

Daniel

> Ich konnte mir diese Formeln vor dir nie gescheit merken. Sogar meine lehrerin meinte ich kann locker ne eins schreiben wenn ich die lerne. Nur konnte ich das einfach nicht... bis dann du daher gekommen bist bin dir noch immer dankbar 😌

WIE DU DIESES BUCH
AM BESTEN BENÜTZT

Bevor ich dir zeige, wie du Social Media richtig einsetzt,
um ein Lernsieger zu werden, werde ich dir ein paar Faktoren nennen, von denen du möglichst viele berücksich-
tigen solltest. Ich werde dir vorweg zum Beispiel zeigen,
wie und warum du positiv denken solltest, warum du
dir die richtigen Freunde suchen solltest, warum du eigentlich schon jetzt ein Lernsieger bist oder was du als
Lernsieger mit einem Ferrari gemeinsam hast. Doch davor noch rasch einige Leseempfehlungen für dieses Buch.
Denn dein zukünftiger Lernerfolg hängt davon ab, wie gut
du dieses Buch anwenden kannst. Es wäre sinnlos, es wie
einen Comic zu lesen. Befolge bitte diese Empfehlungen:

👍 Habe immer drei Textmarker bei dir. Einen gelben
für die Dinge, die du dir merken möchtest und dir
wichtig sind. Einen grünen für die Inhalte, die du
zuvor nicht wusstest und die eine Bereicherung für
dich darstellen. Und einen orangen für die Zeilen,
die du beim ersten Mal Lesen nicht ganz verstehst.

👍 Wenn du etwas nicht verstehst, bleib nicht an dieser
Stelle hängen. Markiere die Stelle orange und lies weiter. Wenn du mit deiner Leseeinheit fertig bist, kannst
du deine offen gebliebene Frage an *support@
bettercademy.eu* schicken. Bitte schreib immer die be-

treffende Seitenzahl dazu. Mein Ziel ist es nicht, mit diesem Buch viel Geld zu verdienen. Ich will möglichst vielen Schülern zeigen, wie sie richtig lernen können. Also zögere nicht, um Hilfe und Erklärung zu bitten!

👍 Bitte lies dieses Buch alleine an einem ruhigen Ort, an dem du dich wohlfühlst. Lies es weder in der U-Bahn noch im Bus. Das würde nur deine Konzentration schwächen und damit deinen Lernerfolg verringern.

👍 Lies bitte immer nur in kleinen Einheiten, solange es dir Spaß macht. Bevor das Lesen anstrengend wird, leg das Buch zur Seite. Du sollst es mit Freude und nicht mit Zwang assoziieren. Nimm dir, nachdem du mit deiner Leseeinheit fertig bist, Zeit, um über das gerade Gelesene nachzudenken. Es geht nicht darum, das Buch am schnellsten zu lesen, sondern vielmehr darum, dass du es wirklich verstehst. Es ist besser, fünf Seiten zu lesen und zu verstehen, als hundert Seiten zu vergessen.

👍 Denke immer über deine neu gewonnenen Eindrücke nach. Was hast du gerade Neues gelernt?

👍 Wende dein neues Wissen bei der nächsten Gelegenheit gleich an.

👍 Stell dir vor, wie du nach jeder Leseeinheit deinem Ziel näherkommst. Wie es sein wird, wenn du schon bald deine erste Eins in Händen hältst.

👍 Vergiss nie! Ich konnte mit meinem Wissen und meinen Techniken schon die größten Lernverweigerer zu Lernsiegern machen. So wird es auch bei dir sein.

Bitte behalte diese Regeln im Gedächtnis. Als Erstes mach nun den folgenden Lerntypentest.

Manuel

> Hi Benji, ich kann es wirklich nur bestätigen dass du für mich der beste Coach warst. Der beste und erste der mit mir über mein Inneres Feuer sprach und mir zeigte wie ich das verwenden kann.
> Einsame Spitze 😬

LERNEN? WARUM?

Das Grundproblem, das dieses Buch lösen wird, ist ein sehr weit verbreitetes. Mangelnde Motivation. Es bringt dir nichts, der Beste in etwas zu sein, wenn du keine Lust hast, dein Können anzuwenden.

Was bringt es Juventus Turin, wenn Cristiano Ronaldo im Team spielt, er aber gar keine Motivation hat, beim Match zu erscheinen? Rein gar nichts.

Was bringt dir ein funktionierendes Gehirn – und glaube mir, es funktioniert –, wenn du es nicht verwendest?

Ich kann sehr gut verstehen, warum du nicht lernen möchtest!

Interessiert mich, was irgendein Enzym in meinem Körper macht? Interessieren mich binomische Formeln? Natürlich nicht. Ich will weder Biologe noch Mathematiker werden. Warum also das alles lernen?

Genau mit dieser Einstellung bin ich lange Zeit durch mein Leben gegangen. Auch bei meinen Nachhilfeschülern kann ich fast immer beobachten, dass sie den Sinn der Schule nicht erkennen. Die Aussage, dass dich die Schule auf dein Leben vorbereitet, ist Bullshit! Das Fach Mathematik ist so komplex, dass mir eine österreichische Mathelehrerin gestand, mit den Aufgaben der Zentralmatura selbst überfordert zu sein.

Ich bin also auf deiner Seite, wenn du die Schule blöd und langweilig findest. Doch es gibt eine Sache, die du dabei bedenken solltest. Wie gesagt ist Lernen eigentlich etwas Wunderschönes. Wir tun es jeden Tag, manchmal wissentlich, manchmal unbewusst. Wir lernen, während wir träumen, wir lernen, wenn wir die Augen aufmachen, wir lernen, wenn wir das Haus verlassen, und wir haben diesen Drang zu lernen. Den sollten wir uns nicht nehmen lassen. Schon gar nicht von der Schule.

Außerdem kannst du selbst in diesem Schulsystem eines lernen:

Die Kontrolle über deine Gefühle.

Egal wie sehr dich das ganze Schulsystem oder nur ein einzelner Lehrer demotivieren. Egal wie überfordert du bist.

Du machst weiter!

Nichts und niemand wird dich davon abhalten, eine Eins zu bekommen und der Lernsieger zu werden, der du in Wirklichkeit immer sein wolltest. Am Ende bist du selbst dein größter Lehrer.

Nimm also jetzt von allen negativen schulischen Erfahrungen Abschied und schaffe damit die Grundlage für deinen langfristigen Schulerfolg. Schreibe diesen Satz in die leeren Zeilen auf der nächsten Seite:

Ich schließe mit allen negativen
Erfahrungen für immer ab und bin
bereit für einen Neuanfang.

Denk bitte immer daran: Vor hunderten von Jahren waren noch die körperlich Starken und die guten Kämpfer im Vorteil. Heute sind es die mit mehr Wissen. Es heißt nicht mehr »*survival of the fittest*«, sondern »*survival of the smartest*«.

Willst du im Dschungel unserer Zeit versagen oder zu den Gewinnern gehören? Zu denjenigen, die alles lernen können und denen es auch noch Spaß macht?

Wenn du aufgibst, die Schule abbrichst, beweist du nur eines: All die Lehrer, die dich schon lange als schlechten Schüler abgestempelt hatten, lagen richtig. Du würdest ihnen einen Heimsieg bescheren!

Willst du das?

Willst du gebrochen werden oder weitermachen?

Ich habe vor Jahren, als ich in deiner Lage war, die richtige Entscheidung getroffen.

Ich gebe nicht auf!

Jetzt bin ich seit Jahren Lernsieger. Das ist mir nur gelungen, weil ich weitergemacht habe. Es hat mich ein Dutzend Bücher gekostet, bis ich die richtige Lernstrategie für mich entwickelt habe. Eine meiner wichtigsten Erkenntnisse dabei war, dass

Warum lernen?

die falsche Frage ist. Die richtige Frage lautet:

Warum nicht lernen?

Am besten motiviert bist du, wenn dich etwas interessiert. Interessiert dich ein Gegenstand, geht das Lernen von alleine. Doch was tun, wenn dich ein Gegenstand nicht interessiert?

Ich rede mir einfach ein, dass das Fach interessant ist, bis ich es irgendwann glaube. Die Kraft der Selbstmanipulation ist nicht zu unterschätzen. Wenn du erst einmal mit negativen Vorstellungen von einem Gegenstand abgeschlossen hast, siehst du, dass er eigentlich nicht so uninteressant ist. Wiederhole also immer wieder und wieder

Ich liebe das Fach ...

Bei manchen Menschen funktioniert das besser als bei anderen. Wenn du zum zweiten Typ gehörst, solltest du dir deine Interessen und Nicht-Interessen bewusst machen. Denn oft ist uns nicht bewusst, was uns interessiert und was nicht. Wenn du die folgende Interessentabelle ausfüllst, kannst du das Problem besser anpacken.

INTERESSENTABELLE

FACH/THEMA	kein Interesse	mittleres Interesse	großes Interesse
....	○	○	○
....	○	○	○
....	○	○	○
....	○	○	○
....	○	○	○
....	○	○	○
....	○	○	○
....	○	○	○
....	○	○	○
....	○	○	○
....	○	○	○
....	○	○	○

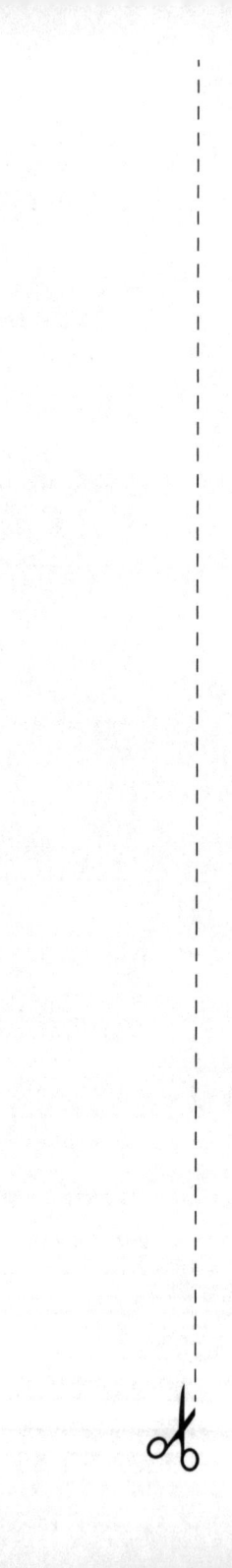

Wenn du dich gut selbst manipulieren kannst, empfehle ich dir eine Technik, die ich »Rollen-Interesse« nenne. Dabei nimmst du beim Lernen die Rolle des Lehrers oder eines Experten des Faches ein.

Du hast zum Beispiel eine Biologie-Prüfung. Fein, dann bist du bis zur Prüfung vielleicht ein Biologieexperte, den du einmal auf Youtube gesehen hast, oder ein Nobelpreisträger, der ein neues Lebewesen entdeckt oder einen revolutionären Durchbruch in der Mikrobiologie geschafft hat.

Lass deiner Fantasie freien Lauf und nimm das Rollenspiel so ernst wie möglich. Zieh dich so an, wie der betreffende Experte es tun würde. Sprich wie er. Iss wie er, falls du ihn einmal dabei beobachtet hast. Steigere dich so sehr hinein, dass du bis zur Prüfung am liebsten nur noch mit seinem Titel angesprochen werden würdest. Denn wenn du dir selbst vormachst, dass du das alles weißt und kannst, dann ist das auch irgendwann so. Ich habe mir einmal eine Fake-Hornbrille gekauft, um so wie mein Chemielehrer auszusehen.

Wie jeder echte Experte musst du auch gefühlte 18 Stunden am Tag über dein Wissen sprechen und allen anderen damit auf die Nerven gehen.

Dem Sitznachbarn in der U-Bahn. »Haben Sie schon gewusst, dass …«

Daheim. »Mama, es ist fast unglaublich, aber hast du gewusst, dass … Wahnsinn, oder?«

Die meisten meiner Nachhilfeschüler haben anfangs darüber gelacht. Als sie es ausprobiert haben, konnten sie den Effekt kaum glauben. Du hast dabei ja auch noch den Spaß, einen Lehrer oder einen angesehenen Wissenschaftler ein wenig zu veräppeln.

Claudia

Helooo Benni
Deine Nachhilfestunden waren Mega geil! 😵 Da wir beide ja gleich alt sind, sind wir auf gleicher Wellenlänge.
Ich habe mittlerweile schon 4 Lernaccounts auf Instagram und es hat echt geholfen. Also nur zu empfehlen. Thumbs Up! 😂

Ich

Danke!!!

MEIN MOTIVATIONSPLAN

Kopiere diesen Plan gleich mehrmals, fülle ihn vor jeder Prüfung aus und sieh dir die jeweilige Version immer dann an, wenn du gerade eine Schwächephase hast.

Was ist meine nächste Prüfung oder Schularbeit?

....

Warum will ich darauf unbedingt eine Eins haben?

....

....

....

....

Welche Eigenschaften brauche ich, um das zu schaffen?

....

....

....

Kenne ich jemanden, der das gleiche Ziel hat und ein Trainings-partner für mich sein kann? Wen? Wie und wo finde ich ihn?

....

....

....

Was ist der Stoff für diese Prüfung oder Schularbeit?

....

....

....

....

Habe ich bereits den gesamten Stoff beisammen? Wenn nicht: Wo bekomme ich ihn so schnell wie möglich her?

....

....

....

....

Wann ist die Prüfung oder Schularbeit? Und wo?

....

....

....

....

*Was könnte mich von meinem Ziel ablenken? Wer könnte mich
aufhalten?*

....

....

....

....

Was tue ich, damit ich nicht abgelenkt oder aufgehalten werde?

....

....

....

Werde ich alles für mein Ziel geben? Wie sieht es mit dem Respekt mir selbst gegenüber aus? Habe ich ausreichend davon, um meine Ziele anzusteuern, meine Träume zu erfüllen?

....

....

....

Gratulation! Du hast bereits einen Teil dieses Buches gelesen und bist deinem Ziel, ein Lernsieger zu werden schon viel näher.

Heb dir diesen Plan gut auf! Schieb ihn unter die Matratze oder bewahre ihn an einem anderen sicheren Ort auf. Wichtig ist: Hüte ihn vor negativen Menschen!

WIE DU DEINE
MOTIVATION ERHÄLTST

Wenn du nun interessiert an einem Gegenstand und genügend motiviert bist zu lernen, ist das wunderschön. Die Flammen der Wissbegier und Motivation sind wieder entfacht und dir macht das Lernen wieder Spaß. Doch wie auch bei einem echten Feuer musst du immer wieder Holz nachlegen, damit sich deine Euphorie nicht wieder legt, wie sie es schon einmal getan hat.

Denke nur an all die Menschen, die Jahr für Jahr am 31. Dezember super motiviert sind, ihr Leben zu verändern, ins Fitnessstudio zu gehen, bessere Noten zu schreiben, und so weiter. Das tun sie dann auch tatsächlich. Aber bei den meisten verfällt die Motivation bis zum 10. Januar wieder. Die guten Vorsätze verfliegen, weil die ersten Probleme auftreten, weil alles nicht mehr so viel Spaß macht, und weil sich plötzlich so viele andere Ablenkungen ergeben.

Warum ist das so? Warum sagen sich Jahr für Jahr unzählige Schüler, dass sie in diesem Jahr wieder besser werden? Dass sie wieder gut in der Schule werden? Und nach den ersten Tagen in der Schule ist nichts mehr von diesem Schwung übrig? Wieso wollen Schüler etwas an ihren Leistungen verändern und schaffen es dann doch nicht?

Es liegt daran, dass sie sich das falsche Ziel gesetzt haben. Das Ziel kann nicht sein, so schnell wie möglich Lernsieger zu werden. Das Ziel ist:

So lange wie möglich Lernsieger sein.

Ich vergleiche meine Nachhilfeschüler gerne mit einem Ferrari. »Du bist wie ein Ferrari«, sage ich zu ihnen. »Du hast das Potenzial, mit 600 PS schnell zum Schulerfolg zu gelangen. Aber Achtung! Wenn du nicht ab und zu stehenbleibst, um dich aufzutanken, fährst du am Anfang vielleicht am schnellsten von allen, kommst aber nicht weit.«

Um gute Noten zu schreiben, und zwar langfristig, musst du die Balance zwischen Anspannung und Entspannung finden. Also, du musst wissen, wann du mit 400 Stundenkilometern auf dein Lernziel losrasen solltest, wann du langsamer fahren kannst und wann du stehenbleiben musst um dich aufzutanken. Es ist also besser, jeden Tag immer nur ein wenig zu lernen als alles auf einmal und dein Gehirn maßlos zu überfordern.

Ich kann bei meinen Nachhilfeschülern erkennen: Da sie durch meine Lernpakete und Strategien tatsächlich rasch Lernsieger werden, ist bei ihnen die Euphorie immer groß. Sie sind dermaßen motiviert und freuen sich über ihren Erfolg, dass sie gar nicht mehr aufhören wollen zu lernen. Sie vergessen ihre körperlichen und geistigen Grenzen. Um zu verhindern, dass du ausbrennst, beachte immer deine Pausenzeit, die du im Kapitel »Lernstrategien der Profis« im Unterkapitel »Nicht verbeißen« nachlesen kannst.

VISUALISIERUNG DEINES ZIELS

Ich habe dich vorher mit einem Ferrari verglichen. Auftanken und Pausen ermöglichen es dir, lange und weit zu fahren.

Ein weiterer wichtiger Faktor ist aber das Wohin! Wohin fährst du überhaupt? Weißt du, wo sich die Stadt namens »Lernsieger City« befindet?

Je genauer du dein Ziel und den Weg dorthin kennst, desto schwerer fällt es dir, dich zu verfahren.

Bevor du auf Urlaub fährst, weißt du ja auch immer, wohin die Reise geht und wie der Ort und das Hotel heißen, oder? Wohin geht nun deine Reise zum Lernsieger? Was ist dein Ziel? Welche Prüfung wirst du meistern?

Um dein Ziel zu visualisieren, lege dich nun bitte auf deinen Rücken und schließe deine Augen. Stell dir ganz genau vor, was passieren wird, wenn du deine erste Eins in Händen hältst. Wie du dich fühlen wirst. Wer dir gratulieren wird. Wie schön und erfüllend es sein wird, deinen Traum verwirklicht zu haben.

Wahnsinn!

Stell dir die Note auf dem Papier vor.

Wie die Worte »Sehr gut« in der Schrift deines Lehrers aussehen werden.

Wie du gleich deine erste Eins auf deine Snapchat-Story stellst und all deinen Freunden zeigst, wie stolz sie auf dich sein können.

Wie die Anspannung von dir abfällt und du endlich deine Traumnote geschrieben hast!

Wie deine erste Eins bestätigt, dass du nun ein Lernsieger geworden bist.

Stell dir nur vor, wie überrascht dein Lehrer sein wird.

Wie stolz deine Eltern sein werden.

Was du tragen wirst, wenn du dein »Sehr gut« zurückbekommst.

Versuche, dir das alles so genau wie möglich vorzustellen. Je genauer, desto besser. Erst, wenn du ein ganz genaues Ziel vor Augen hast, wirst du es auch erreichen.

Dein Ziel muss anfangs auch nicht zwingend »Ich bekomme ein Sehr gut« sein. Wenn du dir einen Zweier als Ziel vornimmst, ist das auch in Ordnung und du erreichst es leichter.

Es ist nicht wichtig, wie groß
der erste Schritt ist, sondern in welche
Richtung er geht.

Bedenke aber bitte: Ein Flugzeug muss immer etwas höher fliegen, als es physikalisch notwendig wäre, um sein Ziel zu erreichen. Es gibt immer nicht kalkulierbare Faktoren, und es ist immer besser, zu hoch als zu tief zu fliegen. Das heißt, wenn du dir eine Eins als Ziel setzt, landest du leicht bei einem Zweier, wenn du dir einen Zweier als Ziel setzt, landest du leicht bei einem Dreier.

DIE SELBSTERFÜLLENDE PROPHEZEIUNG

Die selbsterfüllende Prophezeiung ist zusammen mit der Visualisierung die mit Abstand wirkungsvollste mentale Methode, um ein Lernsieger zu werden. Es ist bewiesen, dass du viel höhere Chancen hast, dein Ziel und deine Traumnote zu erreichen, wenn du fest an deinen Erfolg glaubst. Das Ziel zu visualisieren ist also das eine, daran zu glauben, dass du es erreichst, das andere.

Der Entdecker der selbsterfüllenden Prophezeiung, Robert K. Merton, erklärte es so: »Wenn die Menschen Situationen als real definieren, sind sie in ihren Konsequenzen real.«

Das bedeutet:

Wenn du sagst: »Ich bin ein Lernsieger«,
dann wirst du einer.

Und nur dann. Denn du wirst immer zu dem, was du glaubst, zu sein. Wenn du dir täglich vorsagst: »Das geht nicht. Ich kann das nicht. Das ist viel zu viel«, wirst du recht behalten und ein miserabler Schüler bleiben.

Wenn du Freunde hast, die dich runterziehen, die nicht für die Schule lernen und sich immer nur beschweren und jammern, dann wird es für dich umso schwerer, Schulerfolg zu haben. Stell dir negative Freunde wie Steine an deinen Füßen vor, die du beim Schwimmen mitschleppst. Denn in einer negativen Denkumgebung wird es dir verdammt schwerfallen, positiv zu denken.

Umgib dich also nur mit positiver Energie und mit Menschen, die an dich als Lernsieger glauben. Alle anderen verdienen es nicht, in deiner Umgebung zu sein, weil sie deine Energie aussaugen wie Vampire. Deshalb nenne ich negative, pessimistische Menschen Energie-Vampire.

Energie-Vampire, die sich als Freunde tarnen, erkennst du folgendermaßen: Wenn du deinen Freunden erzählst, dass du ab sofort nur noch Einsen schreiben und von jetzt an viel besser in der Schule sein wirst, musst du ihre Reaktion beobachten.

Wenn sie an deinen Träumen und Zielen zweifeln, vergiss sie!

Wenn sie dich auslachen, vergiss sie!

Wenn sie versuchen, dich kleiner zu machen, vergiss sie!

Wenn sie versuchen, dir dein Vorhaben, besser in der Schule zu werden, auszureden, vergiss sie!

Wenn sie dir ein negatives Gefühl geben, vergiss sie!

Wenn sie an dein Ziel glauben und dich motivieren, vergiss sie – nicht! Verbring so viel Zeit wie möglich mit diesen positiven Freunden. Sie werden dich motivieren und stehen hinter dir. Sie werden dir eine Quelle an positiver Energie und Motivation sein.

Die selbsterfüllende Prophezeiung unterstützt du am besten mit deinen Affirmationen. Das sind Motivationssätze, die du dir immer wieder laut vorsagst. Zum Beispiel:

Ich werde Lernsieger. Fakt!

Hier zwei Beispiele, die die Wirksamkeit der richtigen selbsterfüllenden Prophezeiung bestätigen. So ist auf der Seite *karrierebibel.de* zu lesen:

Die amerikanischen Psychologen Robert Rosenthal und Lenore Jacobson konnten den Effekt der selbsterfüllenden Prophezeiung bereits in den 1960er-Jahren beobachten. Hierzu führten sie eine Studie an amerikanischen Grundschulen durch. Dabei wählten die Wissenschaftler einige Schüler zufällig aus und erklärten den Lehrern, dass diese Kinder besonders begabt seien und in der nächsten Zeit eine große Leistungssteigerung zeigen würden. Tests nach einem Jahr belegten, dass genau diese zufällig ausgewählten Schüler ihre Leistungen viel stärker steigern konnten als die Kontrollgruppe. Das Phänomen heißt »Pygmalion-Effekt«. Die Erwartung der Lehrer hat ihr Verhalten gegenüber diesen Schülern, beispielsweise durch höhere Anforderungen und häufigere Nutzung von Lob und Tadel, so beeinflusst, dass die Prophezeiung der Wissenschaftler wahr wurde.

Dass selbsterfüllende Prophezeiungen nicht nur zu positiven Ergebnissen führen können, zeigt eine Studie des *British Medical Journal*. Es konnte nachgewiesen werden, dass Senioren, die größere Angst vor einem Sturz hatten, häufiger einen solchen Unfall erlitten als Altersgenossen, die weniger Angst hatten, hieß es in dem Magazin.

Zudem reicht es niemals, etwas einfach nur zu wollen. Viele Leute wollen viele Dinge. Bekommen tut sie niemand!

Das Wichtigste ist:

> *Du darfst deinen Schulerfolg nicht bloß wollen.*
> *Du musst an ihn glauben!*

Der Unterschied fängt schon bei der Formulierung an. Wenn du sagst:

> *Ach, ich wäre so gerne reich. Ich hätte gerne drei Lamborghinis und eine riesige Villa.*

Das wird niemals passieren! Wenn du aber sagst:

> *Ich glaube fest an mich und meinen Erfolg! Dass ich Erfolg habe, ist ein Naturgesetz! Dementsprechend werde ich früher oder später reich sein, drei Lamborghinis und eine riesige Villa besitzen. Daran werde ich so lange arbeiten, bis ich es erreicht habe. Denn Erfolg ist kein Glück, sondern eine Mischung aus Ausdauer und harter Arbeit!*

Das wird passieren! Sei dir bewusst:

> *In dem Moment, in dem du daran zu*
> *arbeiten beginnst, Lernsieger zu sein,*
> *bist du es schon.*

SEI STOLZ AUF DICH, ODER: WARUM DER KLEINSTE ERFOLG BESSER IST ALS GAR KEINER

Denk immer daran, auch deine kleinen Leistungen anzuerkennen. Du hast eine Hausübung gemacht? Gratulation! Du warst fleißig und bist deinem Ziel wieder ein wenig nähergekommen? Super!

Vergiss nicht:
Schritt für Schritt!

Du hast heute im Unterricht mehr mitgearbeitet als gestern? Großartig!

Du hast sogar ein Plus bekommen? Sehr gut!

Schenke Misserfolg wenig Aufmerksamkeit, umso mehr dafür deinen noch so kleinen Erfolgen! Eines Tages werden sie es gewesen sein, die dich zu deinem Ziel gebracht haben.

Oft sind wir uns unserer kleinen Erfolge gar nicht bewusst, weil wir sie als selbstverständlich betrachten. Doch wenn wir sie wahrnehmen, helfen sie uns, das Feuer der Motivation am Leben zu erhalten.

Besonders in schwierigeren Zeiten ist es wichtig, auch ganz kleine Erfolge zu sehen.

Du warst heute pünktlich in der Schule? Wunderbar!

Du warst überhaupt in der Schule? Dann hast du wieder einmal die richtige Entscheidung getroffen!

Du warst bei der Wiederholung um einen halben Punkt besser als letztes Mal? Das ist der richtige Weg!

Egal, wie winzig dein Erfolg war: es war ein Erfolg und seine Anerkennung wird dir Energie geben.

Laura

Echt Dankeschön für deine Tipps und Ratschläge... Ich habe gestern ganz drauf vergessen dir meine Note zu sagen... meine erste Eins 😎 ich weiß gar nicht wie ich dir danken kann.. Sabrina ist ausgeflippt als ich ihr meine Note zeigte...

DER VERGLEICH

Erinnere dich bei deinen Zielen immer wieder daran:

*Du bist nicht der einzige schlechte Schüler
der Welt, der ein Lernsieger wird.*

Ich habe schon einigen Schülern geholfen, Lernsieger zu werden. Warum sollte es bei dir nicht auch gelingen?

Warum solltest nicht auch du die Möglichkeit haben, erfolgreich zu sein?

Jetzt fällt dir vielleicht ein, dass die Besten in deiner Klasse immer sagen, sie hätten fast nichts gelernt für ihre Eins. Wahnsinn, denkst du dir dann immer, die müssen hochbegabt sein oder etwas anderes haben, das du nicht hast.

Glaube mir: Das sind keine Genies, sondern Lügner!

Die meisten erfolgreichen Schüler arbeiten hart an ihrem Erfolg. Viele Tag und Nacht. Damit ihr Erfolg noch größer wirkt, behaupten sie, nichts dafür gelernt zu haben.

Lass dich von diesen selbsternannten »Lerngenies« nicht blenden und sieh immer die Arbeit, die hinter jedem Erfolg steckt. Sie haben viel gelernt und wurden verdienterweise mit einer hervorragenden Note belohnt.

Auch du wirst mit Freude viel Lernen und sehr gute Noten bekommen. Vergleiche dich also nicht mit den angeblich »Hochbegabten«, sondern mit all den anderen schlechten Schülern, die Lernsieger wurden.

Noch einmal:

Du bist nicht der erste Schulversager,
den ich zu einem Lernsieger machen werde.

Das verspreche ich dir!

Julia

> Hier hast du das Foto von der Kopie
> des Englisch Tests. ALLE PUNKTE 😱
> ich habe echt nie geglaubt dass ich
> nur durch lernskills so etwas leisten
> könnte. Danke dafür und alles gute
> mit dem Buch. Werde es weiter-
> empfehlen 😊

DIE ANGST VOR DEM ERFOLG

Vielleicht fragst du dich jetzt, was diese Überschrift soll. Erfolg ist doch etwas Schönes, etwas Wünschenswertes, oder?

Ja und nein. Erfolg ist eine tolle Sache. Doch Erfolg verändert auch dein Leben. Wenn du Lernsieger bist, haben alle andere Erwartungen an dich. Diese Veränderungen können Angst machen.

👍 Was passiert, wenn ich wirklich eine Eins geschrieben habe?

👍 Bin ich dann auch einer dieser unbeliebten Streber?

👍 Wie reagieren meine Freunde darauf? Vor allem die, die so wie ich immer nur die schlechtesten Noten gehabt haben und immer noch haben?

👍 Werde ich wegen meines plötzlichen Erfolges sogar gemobbt?

Im heutigen Schulsystem ist der Erfolgsdruck schon enorm hoch. Wenn du Lernsieger bist, stellst du dir vielleicht vor, ist er höher. Dann erwarten Lehrer, Eltern, Mitschüler und du selbst nicht mehr, dass du bloß durchkommst, sondern, dass du besser bist als alle anderen.

Was tun?

Die wichtigste Regel dabei lautet:

Lass dich von Niederlagen und
Misserfolgen niemals aufhalten!
Weder auf deinem Weg, ein Lernsieger
zu werden, noch wenn es darum geht,
einer zu bleiben.

Diese Art zu denken bringt dich ans Ziel und sorgt dafür, dass du auch dort bleibst. Denn so bleibst du immer locker und das Lernen wird dir mehr Freude machen. Denk immer daran:

Lernen soll Spaß machen. Feiere
deine Erfolge, und freue dich über deine
Misserfolge, weil du daraus immer
etwas lernen kannst.

Ich kann dir erzählen, wie es bei mir war, als ich begonnen habe, auf einmal Lernsieger zu sein und wie ich diese Angst vor dem Erfolg besiegt habe. Ich habe die Frage einfach umgedreht. Ich habe mich nicht gefragt, was passieren könnte, wenn ich Erfolg habe, sondern ich habe mich gefragt:

Was passiert, wenn ich keinen Erfolg habe? Was will ich denn stattdessen? Gehen wir mögliche Antworten durch.

Was passiert, wenn du keinen Erfolg hast?

- 👎 Du hast wiedermal versagt.
- 👎 Du hast dich und deine Eltern enttäuscht.
- 👎 Du fühlst dich dumm.
- 👎 Du fühlst dich wieder nutzlos.
- 👎 Du hast wieder keine Perspektive.
- 👎 Du hast bei der nächsten Prüfung noch mehr Druck, weil von ihr alles abhängt. Zumindest, ob du durchkommst oder nicht.
- 👎 Du hast deinen Lehrern wieder mal bewiesen, dass sie recht haben und du ein miserabler Schüler bist.
- 👎 Du brauchst Nachhilfelehrer, für die deine Eltern viel Geld ausgeben müssen.
- 👎 Du musst dir teure Nachhilfe-Bücher kaufen.
- 👎 Du musst möglicherweise in den Sommerferien in eine Sommerschule.

Am Ende ist es so: Du musst zehnmal mehr lernen als du eigentlich müsstest, wenn du während der Schulzeit einmal richtig für eine Schularbeit, eine Prüfung oder einen Test gelernt hättest.

Und jetzt die Gegenfrage:

Was passiert, wenn du Erfolg hast?

- 👍 Du bist stolz auf dich.
- 👍 Deine Eltern sind stolz auf dich.
- 👍 Du hast viel mehr Wahlmöglichkeiten in deinem Leben. Weil es halt so ist, dass dir mit guten Noten

alle Türen für deine Zukunft offenstehen. Du selbst hältst dir diese Türen offen.

👍 Du hast dadurch auch viel mehr Freiheiten als andere, die keinen Erfolg haben.

👍 Du hast es deinen Lehrern bewiesen. (Das war jedenfalls mir immer besonders wichtig.)

👍 Du fühlst dich viel erfüllter.

Die Angst vor dem Erfolg hat sich vor meinen Augen in Rauch aufgelöst. Und außerdem:

Erfolg oder Misserfolg – die Schule
wird dir so oder so Druck machen.

Also habe ich mir gesagt: Bevor ich den einen Druck habe, schon wieder die nächste Leistungsfeststellungsprüfung zu machen und vielleicht sogar ein Jahr wiederholen zu müssen, habe ich lieber den anderen Druck. Den Erfolgsdruck. Mit dem kannst du auf Dauer sicher wesentlich leichter fertigwerden als mit dem Leistungsdruck, der über Durchfallen oder Durchkommen entscheidet. Zu Entscheidungsprüfungen wirst du gezwungen. Da wird Druck auf dich ausgeübt. Leistungsdruck eben.

Aber:

Erfolgsdruck schaffst du dir selber.

Und zwar durch deine Erfolge. Du selbst kannst ihn steuern. Du selbst hast die Macht über ihn. Überleg dir also gut, ob du wirklich Angst vor Erfolg hast. Nur, weil sich dann etwas in deinem Leben verändert.

Mit diesem Gedankenspiel kannst du feststellen, welches Szenario angenehmer für dich ist:

1. Du hast morgen mehrere Feststellungsprüfungen, die darüber entscheiden, ob du ein Jahr wiederholen musst, während all deine Freunde aufsteigen. Bitte setze auf der strichlierten Linie eine Markierung.

Druck

schwach - **stark**

2. Du hast in diesem Schuljahr schon mehrmals bewiesen, dass du gute Noten schreiben kannst. Morgen hast du wieder so eine Überprüfung, die dein Leben sicher nicht verändern wird, weil du ja schon so positive Noten geschrieben hast, aber ein paar Leute gehen davon aus, dass du wieder eine gute Note schaffst.

Druck

schwach - **stark**

Hast du bei beiden Fragen markiert, wie stark oder schwach du den Druck empfunden hast?

Dann mach bitte Folgendes: Nimm deinen grünen Textmarker zur Hand. Fahre damit jeweils den Teil der Linie nach, der zwischen deinem markierten Punkt und dem Wort »stark« liegt.

Bei welchem Szenario siehst du mehr grüne Farbe?

Bei welchem Szenario fühlst du dich wohler?

Na also. Der Druck im ersten Szenario ist natürlich viel, viel höher als bei einer gewöhnlichen Überprüfung. Logisch. Aber du musst dir dessen erst einmal bewusst werden. Dir mit einer grünen Wohlfühllinie vor Augen führen, was es eigentlich heißt, unter diesem oder unter jenem Druck zu stehen. Lass das einmal auf dich wirken.

Und?

Erinnere dich bitte auch daran:

Wer Radfahren einmal gelernt hat,
wird es nie wieder vergessen.
Wer einmal gute Noten schafft,
schafft es immer wieder.

Also: Hab endlich Vertrauen in dich und deine Fähigkeiten!

WELCHER LERNTYP BIST DU?

Wir sind bei der Essenz angelangt, wenn es um den Weg zum Lernsieger geht: Du musst herausfinden, wie du am besten lernst. Welche Arten, Neues aufzunehmen und dir zu merken, bei dir besonders gut funktionieren. Und welche nicht. Das ist so wichtig wie zu wissen, welche Blutgruppe du hast, falls du eine Blutkonserve brauchst. Fülle deshalb den folgenden Test aufmerksam aus.

Achtung! Es ist ganz wichtig, dass du dich darauf konzentrierst, wahrheitsgetreu zu antworten. Denn das Ergebnis dieses Tests kann lebensverändernd sein.

Am Ende des Tests warten vier Lerntypen auf dich. Wobei fast niemand nur einen Typ darstellt. Die meisten Menschen sind eine Mischform aus den verschiedenen Typen. Aber meistens mit eindeutigen Tendenzen.

Und noch eines: Dieser Test gibt dir einen guten Überblick, wo deine Stärken beim Lernen liegen. Wenn du es noch genauer wissen willst oder mit einem zweiten Test einen Gegencheck machen willst, dann schau ins Netz. Hier Zeit zu investieren lohnt sich auf jeden Fall!

Aber such dir bitte nur wirklich seriöse Anbieter, am besten bekannte Lerninstitute. Und ganz wichtig: Es sollten darin alle vier Lerntypen, von denen du hier erfährst, vorkommen.

Los geht's!

DER LERNSTÄRKEN-CHECK:
WAS KANN ICH AM BESTEN?

Lies dir die Aussagen beziehungsweise Fragen in Ruhe durch. Danach entscheide dich nach diesen drei Kriterien und trage die jeweilige Punktezahl in die Spalte ganz rechts ein:

👍 Das stimmt immer: 2 Punkte
👍 Das stimmt manchmal: 1 Punkt
👍 Das stimmt nie: 0 Punkte

Kümmere dich nicht um die Buchstaben in den Spalten ganz links. Dazu kommen wir am Ende des Tests – bei der Auswertung.

	Aussage	**Pt**
K	Ich lerne gerne zusammen mit anderen	
M	Von Gegenständen, die ich schon einmal in den Händen gehalten habe, habe ich ein genaues Bild vor Augen	
V	In Sachtexten unterstreiche ich wichtige Informationen oder schreibe mir Notizen an den Rand	
K	Ich stelle anderen gerne Fragen über das, was ich lernen soll.	

	Aussage	Pt
M	Handlungen lerne ich am besten dadurch, dass ich sie nachmache	
V	Zeichnungen und Diagramme helfen mir, den Lernstoff zu behalten	
A	An Nachrichten im Radio kann ich mich besser erinnern, als wenn ich sie im Fernsehen sehe	
V	Sachen, die der Lehrer an die Tafel schreibt, kann ich mir gut merken	
K	Ich finde es hilfreich von Mitlernern Informationen zu erhalten und diese mit meinen zu vergleichen	
A	Den mündlichen Erklärungen des Lehrers kann ich gut folgen	
V	Lernposter helfen mir, Inhalte zu lernen und mich an diese zu erinnern	
K	Mir fällt es leichter, Dinge zu verstehen, wenn ich mit anderen über sie diskutieren kann	
M	Ich kann leichter lernen, wenn ich mich dabei bewegen kann	
A	Ich kann nur lernen, wenn es um mich herum ganz ruhig ist	
V	Wenn ich mir die Lerninhalte bildlich vorstelle, kann ich mich später besser an sie erinnern	
A	An Melodien kann ich mich gut erinnern	

	Aussage	Pt
M	Wenn ich mir Sachen selber aufschreibe, kann ich sie mir besser merken	
A	Mündlichen Anweisungen kann ich besser folgen als schriftlichen	
M	Ich kaue gerne Kaugummi, trinke, oder esse, während ich lerne	
V	An Nachrichten im Fernsehen kann ich mich besser erinnern, als wenn ich sie im Radio höre.	
A	Wenn ich mir Lerninhalte laut vorsage, kann ich sie besser behalten	
K	Ich lerne gerne etwas, indem ich mit Mitlernern Frage-Antwort-Spiele spiele	
M	Wenn ich Sachen anfassen und mit ihnen etwas machen kann, kann ich mich besser an sie erinnern	
M	Ich baue mir gerne Modelle oder erstelle mir Plakate von den Inhalten, die ich lernen soll	
A	Vokabeln kann ich mir besser merken, wenn ich sie laut lerne	
K	Ich nehme im Unterricht gerne an Rollen-spielen teil, weil ich mir so Lerninhalte besser merken kann	
K	Wenn ich mit anderen über den Lernstoff spreche, kann ich mich danach besser an ihn erinnern	
V	Es fällt mir leicht, geschriebene Anweisungen zu verstehen	

Jetzt geht es an die Auswertung. Zähle die Punkte zusammen, und zwar jeweils sortiert nach den Buchstaben ganz links.

A: .... Punkte

K: .... Punkte

M: .... Punkte

V: .... Punkte

AUSWERTUNG

Die ist im Prinzip ganz einfach. Der Buchstabe, bei dem du die meisten Punkte erzielt hast, ist dein Grundlerntyp. Dort hast du die allermeisten Stärken. Der mit den zweitmeisten Punkten ist für dich auch wichtig, aber eben nicht so sehr. So gut wie jeder Mensch ist ein Mischlerntyp, und manche haben sogar in ihren beiden stärksten Kategorien gleich oder beinahe gleich viele Punkte.

Was jeder einzelne Typ für dich bedeutet und mit welchen Lernmethoden du am besten vorankommst, liest du nun.

Quelle: https://is.muni.cz/el/1441/podzim2010/SP4BP_2NB1/um/18535458/Was_fur_ein_Lerntyp_bin_ich.pdf

DIE VIER LERNTYPEN

Der Test hat dir jetzt gezeigt, welcher Typ dir am ehesten entspricht. Jetzt erfährst du, was das für dich in der Praxis bedeutet. Wichtig ist: Es gibt weder »gute« noch »schlechte« Lerntypen. Sie sind einfach nur alle anders.

Du kannst jetzt leicht erkennen, ob du dich bisher beim Lernen so verhalten hast, dass es auch zu deinem Lerntyp passt. Oder doch eher so, dass deine Lernstärken bisher viel zu kurz gekommen sind. Einfach, weil du zu wenig darüber gewusst hast.

Hier die vier generellen Lerntypen, passend zu den vier Buchstaben.

A = *auditiv*
K = *kommunikativ*
M = *motorisch*
V = *visuell*

DER AUDITIVE LERNTYP

Auditiv hat natürlich nichts mit der Automarke zu tun. Vielmehr mit deinen Ohren. Weil es bedeutet:

Als auditiver Lerntyp lernst du am besten mit den Ohren.

Du hörst dir den Stoff an. Du verstehst ihn dadurch am besten und merkst ihn dir auch sehr schnell und gut.

Auditive Lerntypen führen gerne Selbstgespräche. Dabei darfst du das aber nicht mit dem kommunikativen Lerntyp verwechseln, zu dem du gleich mehr erfährst. Beim auditiven Typ geht es vor allem ums Hören.

Dank der Technik hast du es als auditiver Lerntyp einfach. Du kannst dir das Lernen mit allen möglichen Aufnahmegeräten sehr erleichtern. Wichtig ist dabei:

Suche dir eine ruhige Umgebung aus. Denn als auditiver Typ neigst du auch dazu, dich leicht durch Geräusche ablenken zu lassen.

Reden oder Vorträge sind für dich wie maßgeschneidert. Oder auch Seminare oder andere Kurse.

Stell dir deine eigenen Audiodateien zusammen, die du dir immer wieder anhörst!

Auf diese Weise kannst du so gut wie jedes Stoffgebiet leicht und schnell lernen. Bei Vokabeln zum Beispiel sprichst du erst das Wort in der Fremdsprache und dann die Übersetzung – oder umgekehrt. Dazwischen eine kleine Pause, bei der du die Aufnahme stoppst. So kannst du wunderbar überprüfen, ob du es weißt oder nicht.

Höre dir deine Dateien an Orten an, an denen du dich wohlfühlst. Zum Beispiel in deinem Zimmer. Oder in einer Bibliothek. Oder draußen in der Natur. Hauptsache, es ist ruhig. Denn:

Laute Umgebungen sind deine größten Lernfeinde.

Perfekt als Lerninstrument für dich sind auch Liedtexte. Die merkst du dir schnell. Deshalb bleibt dir als auditiver Lerntyp auch der Inhalt eines langen Gesprächs viel länger im Gedächtnis als anderen. Und du merkst dir auf lange Sicht eher den Inhalt als die Person, mit der du das Gespräch geführt hast.

Mach dir deinen eigenen Lernsong! Hast du schon einmal einen Songtext unbewusst auswendig gelernt? Fast so leicht geht es auch mit Lernsongs.

Entweder du machst dir eine eigene Melodie und verpackst deine Lerninhalte darin. Oder du suchst dir auf Youtube deine Lieblingslieder ohne Liedtext heraus. Von vielen Songs gibt es die bereits, und dann textest du deine Lerninhalte dazu.

Wenn es dir eher schwerfällt, Melodien und Text zu verbinden, kannst du es auch über den Rhythmus machen:

Sag dir den Lerntext laut vor. Entwickle dabei einen eigenen Rhythmus, der dir behagt. Klopfe dabei regelmäßig auf den Tisch. Oder stampfe mit dem Fuß auf.

Vergiss nicht: Deine Ohren sind deine Freunde.

Theoretisch könntest du auch deine Unterrichtsstunden aufnehmen und dir zum privaten Gebrauch anhören, solange deine Lehrer damit einverstanden sind.

Auf diese Weise kannst du ganze Unterrichtseinheiten wiederholen. Ich empfehle dir jedoch, diese Einheiten abzukürzen. Fasse das Wesentliche auf eigenen, neuen Dateien zusammen.

Als auditiver Lerntyp kannst du auch besonders gut Fremdsprachen lernen.

Studien haben das bewiesen. Hast du zum Beispiel einen italienischen Text vor dir liegen, dann sprich dir die korrekte Übersetzung aufs Handy oder ein anderes Aufnahmegerät. Hör dir diese Aufnahme an. Und dann übersetze sie zurück ins Italienische.

Vergiss dabei nicht, deine Übersetzung mit dem italienischen Original zu vergleichen. So kannst du Fehler erkennen und ausbessern.

Diesen Prozess wiederholst du, bis du den Text fehlerfrei kannst.

DER KOMMUNIKATIVE LERNTYP

Der Name sagt es schon. Als kommunikativer Lerntyp lernst du besonders gut, indem du mit Menschen kommunizierst.

Als kommunikativer Lerntyp musst du mit anderen über deinen Lernstoff sprechen.

Am besten klappt das Lernen bei dir, wenn du diskutieren kannst. Dafür musst du allerdings eine Voraussetzung erfüllen: Du musst den Stoff vorher verstehen. Erst dann kannst du so darüber sprechen und diskutieren, dass du ihn dir merkst.

Lies ihn dir dazu zum Beispiel laut vor. Führe Selbstgespräche über deinen Stoff. Wie das im Konkreten bei einem auf den ersten Blick komplexen Text aussehen kann, zeige ich dir jetzt.

Der Lerntext:

»Den Startpunkt auf dem Weg zu einer rechtlichen Integration der Staaten Europas, der als vorläufiger Höhepunkt in die heutige Europäische Union mündete, bildete die Gründung der Europäischen Gemeinschaft für Kohle und Stahl (EGKS) durch den Pariser Vertrag vom 18.4.1951. Abgeschlossen wurde der Gründungsvertrag der EGKS, die auch als »Montanunion« bezeichnet wurde, durch sechs europäische Staaten.«

Fangen wir mit den ersten Zeilen an:

»Den Startpunkt auf dem Weg zu einer rechtlichen Integration der Staaten Europas, der als vorläufiger Höhepunkt in die heutige Europäische Union mündete ...«

Okay. Wir sprechen hier also von der Europäischen Union. Ich lese das Wort »Startpunkt«, wir können demnach davon ausgehen oder ziemlich sicher sein, dass wir es hier mit einem Text über die Anfänge der Europäischen Union zu tun haben.

Nun ... was war jetzt eigentlich der Startpunkt, also der Anfang der Europäischen Union?

Aha! Wir reden hier auch noch von einer rechtlichen Integration der Staaten. Dazu habe ich gleich ein paar Fragen, nämlich:

👏 Was ist das eigentlich, eine rechtliche Integration?

👏 Kann ich mir das vorstellen wie einen Einwanderer, der sich integrieren möchte?

👏 Hat Integration nicht etwas mit Aufnahme zu tun?

👏 Kann ich also sagen, dass wir hier über den Anfang der rechtlichen Aufnahme von Staaten in die Europäische Union sprechen?

Genau. Darum geht es. Um die Anfänge der Europäischen Union und wie die erstmalige Aufnahme von Staaten aussah. Aus rechtlicher Sicht nämlich. Lässt sich das noch irgendwie vereinfachen?

Ja, denn ich kann auch sagen: Der Startschuss der Europäischen Union, wie wir sie heute kennen, fing mit irgendetwas an, das in diesen ersten drei Zeilen noch nicht zu finden ist. Es geht also vorerst nur um die Anfänge der Europäischen Union. Und um die erste Aufnahme von Staaten.

Und weiter? Was war nun dieser Startpunkt? Was war der Anfang der Europäischen Union und ihrer Aufnahme von anderen Ländern?

Weiter im Text:

» ... bildete die Gründung der Europäischen Gemeinschaft für Kohle und Stahl (EGKS) durch den Pariser Vertrag vom 18.4.1951.«

Ach so!

Die Ursprünge der Europäischen Union und ihrer Aufnahme von anderen Ländern liegen also in der Gründung der EGKS. Das bedeutet, dass zuerst eine europäische Gemeinschaft gegründet wurde. Das wirft diese Frage auf:

Was war der Zweck dieser Gemeinschaft?

Das kommt nämlich in dem Satz nicht ganz klar heraus. Aber: Jedenfalls hat man diese Gemeinschaft für Kohle und Stahl erdacht. Ganz allgemein lässt sich daraus ableiten, dass Gemeinschaften eben gegründet werden, um Dinge zu erleichtern. Logisch.

Und im Speziellen kann man auch annehmen, dass diese Gemeinschaft – EGKS – gegründet wurde, um etwas in Sachen Kohle- und Stahlindustrie zu vereinfachen. Auch klar.

Und das alles europaweit. Weil es ja weder deutsche noch österreichische noch italienische Gemeinschaft hieß, sondern: Europäische Gemeinschaft.

So weit so gut: Und was braucht man nun für diese Gründung?

Einen Vertrag. Auch logisch. Aber nicht irgendeinen. Sondern jenen, von dem hier die Rede ist: erstellt am 18.4.1951, und zwar in Paris.

Fassen wir zusammen: Ich lese einen Textabschnitt über die Ursprünge der Europäischen Union. Diese Anfänge bildete eine Gemeinschaft namens EGKS – die Abkürzung für »Europäische Gemeinschaft für Kohle und Stahl«. Der Name sagt ja schon, worum es geht. Für so eine Gemeinschaft braucht es natürlich einen Vertrag. Den von Paris aus 1951. Also können wir sagen: Die gesamte Europäische Union, die ich heute kenne, ist aus einer Gemeinschaft für Kohle und Stahl hervorgegangen. Damit hat es angefangen. Das war der erste Same. Aller Anfang ist schwer. Heute ist daraus ein riesiger Baum namens EU geworden.

Gibt es in dem Text noch etwas über die Ursprünge der Europäischen Union zu lesen?

Ja, gibt es:

»Abgeschlossen wurde der Gründungsvertrag der EGKS, die auch als »Montanunion« bezeichnet wurde, durch sechs europäische Staaten.«

Ah, ja. Hier geht es um den Vertrag zur Gründung der EGKS. *Montanunion* ist schon weniger fad als das Kürzel EGKS. Immerhin stecken da diese Wörter drinnen: *Montan* und *Union*.
Union ist klar. Aber Montan? Klingt verdammt verdächtig nach dem englischen *mountain.* Dann hat es mit Berg zu tun. Ich tippe mal auf die französische Variante. Immerhin kommt der Vertrag ja aus Paris.

Montanunion bedeutet also: Berggemeinschaft. Klar, Kohle und Stahl (oder eben das Erz, das man für die Stahlerzeugung braucht) kommen ja beide aus dem Berg.

Und sechs Staaten waren da am Anfang dabei.

Gratulation!

Du hast gerade nicht nur einen sehr komplizierten Satz analysiert und gelernt, sondern dir das erste Wissen für dein Studium der Rechtswissenschaften angeeignet. Und jetzt kannst du – als kommunikativer Typ – auch schon loslegen und darüber diskutieren. Zum Beispiel mit solchen Fragestellungen:

- 👍 War die Gründung dieser Berggemeinschaft überhaupt sinnvoll?
- 👍 Wie findest du die Europäische Union überhaupt?
- 👍 Brauchen wir eine Europäische Union?
- 👍 Was spricht dafür? Was dagegen?
- 👍 Was hat sich seit damals geändert, seit der Gründung der EGKS?
- 👍 Was wissen deine Eltern über die EGKS?
- 👍 Wissen sie überhaupt irgendetwas darüber?
- 👍 Hast du ihnen schon mal davon erzählt?
- 👍 Wie sieht es mit deinen Freunden aus? Wissen die etwas?

Das alles klingt anfangs vielleicht etwas umständlich, so wie ich das gemacht habe. Aber es soll dir nur Schritt für Schritt zeigen, wie ein sehr sperriger, ziemlich unverständlich formulierter Text zu einem lebendigen Stück

Wissen umgewandelt werden kann, das du bestimmt nicht mehr vergisst. Und du siehst: Endlose Möglichkeiten tun sich auf, den Stoff zu vertiefen. Versuche immer auch, mit dir selbst darüber zu kommunizieren. Die Grundregel ist:

Immer zuerst den Stoff vereinfachen!
Und dann mit Gesprächen oder
Diskussionen vertiefen!

DER MOTORISCHE LERNTYP

Diesen Typ kannst du mit diesen drei Worten auf den Punkt bringen:

Learning by doing.

Motorisch hat das Wort »Motor« in sich. Das heißt: Wenn du bei diesem Lerntyp die meisten Punkte hast, musst du dich beim Lernen bewegen. Außerdem liebst du es, Dinge anfassen zu können. Du willst deinen Lernstoff ausprobieren. Für dich als motorischen Lerntyp heißt es also:

Verbinde neues Wissen so gut es geht mit Bewegung!

In der Praxis kann das so aussehen:

👍 Wenn du etwas über den Regenwald lernst, zum Beispiel über den Wetterablauf während eines einzelnen

Tages, dann mach für jede dieser unterschiedlichen Phasen einen Luftsprung. Dein Gehirn wird das neue Wissen mit diesen Sprüngen verknüpfen und dafür sorgen, dass du es dir viel besser merkst.

- 👍 Du lernst gerade etwas über das Atommodell: Mache Liegestütze währenddessen.
- 👍 Sprich dir deinen Stoff aufs Handy und hör ihn dir beim Laufen »so nebenher« an.
- 👍 Versuche, den Stoff in deinen Alltag zu integrieren. Wenn du etwa gerne lange duschst, dann laminier dir den Stoff und hänge ihn in der Dusche auf.
- 👍 Du schreibst gerne Nachrichten? Gründe doch einfach eine Gruppe, in der nur du Mitglied bist, und schreib dir den Stoff durch Nachrichten auf. Auch das Tippen auf deinem Handy ist eine Bewegung.

Allgemein kann gesagt werden: Je intensiver oder größer deine Bewegung beim Lernen ist, desto größer ist der Lernerfolg. Weil es dabei um Dynamik geht. Dir als motorischem Lerntyp geht es mehr um Praxis. Suche auch Antworten auf folgende Fragen:

- 👍 Gibt es Anschauungsmodelle, anhand derer du lernen kannst?
- 👍 Gibt es bereits Lerngruppen, denen du dich anschließen kannst?
- 👍 Mit wem könntest du über deinen Lernstoff am besten diskutieren?

👍 Wie könntest du deinen Lernstoff am besten simulieren?

👍 Du lernst für Geografie? Besorg dir unbedingt einen Globus.

👍 Welche Experimente könntest du selbst durchführen, um deinen Lernstoff besser aufzunehmen?

👍 Gibt es in deiner Umgebung Museen oder aktuelle Ausstellungen, die sich mit deinem Stoff befassen? Kannst du womöglich einen kleinen Ausflug dorthin machen?

Bewegung ist ja so oder so wichtig. Aber für dich als motorischen Lerntyp ganz besonders. Natürlich hast du nicht immer die Zeit oder die Möglichkeit dafür. Vokabel zu lernen und zugleich mit Bewegung zu assoziieren, ist nicht so einfach.

Wenn es mit der Bewegung nicht klappt, dann steig um auf Lernmaterialien, die du anfassen kannst.

Bei Vokabeln würde das bedeuten: Karteikarten (dazu erzähle ich dir etwas später noch mehr). Sei kreativ!

Bastle dir deinen Lernstoff!

Deinem Einfallsreichtum sind keine Grenzen gesetzt. Alles, was du dazu brauchst, sind oft nur Papier und eine Schere.

Mach dir dein eigenes Lern-Puzzle!

Nur, dass du anstelle von Bildern deine Vokabel draufschreibst. Dann vermischst du sie wie bei einem richtigen Puzzle, um sie motorisch wieder zusammenzufügen.

Kreiere eigene Lernspiele!

Für jedes Lernfach womöglich sogar ein eigenes Spiel. Die kannst du entweder allein spielen oder in einer Gruppe. Allerdings sollten die anderen Gruppenmitglieder auch motorische Typen sein.
Eine Bereicherung für alle!

DER VISUELLE LERNTYP

Der letzte Lerntyp der vier. Wie der Name schon sagt – beim visuellen Typ geht es ums Sehen. Hast du hier die meisten Punkte erzielt, dann heißt das:

Du merkst dir den Lernstoff am besten durch Bilder.
Je anschaulicher, desto besser.

Kaufst du dir Lernbücher, dann beachte Folgendes:

- 👍 Deine Lernbücher sollten möglichst viele bunte Bilder haben. Skizzen. Modelle.
- 👍 Ideal ist es, wenn du selbst gut zeichnen kannst.

👍 Aber pass auf, dass deine eigenen Skizzen oder Bilder nicht zu aufwendig gestaltet sind. Sie sollten nicht zu viele Striche haben. Je mehr Striche, desto schwieriger ist es für dein Gehirn, dir ein Bild einzuprägen.

👍 Male nach dem KISS-Prinzip. Das stammt von der US Air Force. Das Motto lautet:

Keep It Simple, Stupid!

Wie auch immer. Es geht immer um das Gleiche:

Mach die Dinge nicht unnötig kompliziert, sondern so einfach wie nur irgendwie möglich. So einfach, dass jeder es verstehen kann. Auch wenn er von der Materie selbst keine Ahnung hat.

Denk zum Beispiel nur an Möbel zum selber Zusammenbauen. Die Kunst besteht darin, die Zeichnungen so einfach zu gestalten, dass jeder sie nachvollziehen und richtig umsetzen kann. Und zwar ohne großartige Erklärungen, die alles nur kompliziert machen.

Genauso kannst du auch deine Zeichnungen gestalten, um mit ein paar Strichen komplizierte Themen extrem zu vereinfachen. Und trotzdem das Wesentliche zu erfassen. Deiner Fantasie sind da keine Grenzen gesetzt.

Hauptsache: KISS!

Außerdem rate ich dir: Sortiere deinen Lernstoff optisch!

So, wie du als auditiver Lerntyp alles möglichst hören solltest, solltest du als visueller Lerntyp alles veranschaulichen. So lernst du am leichtesten! Ich habe dir ein paar Beispiele zusammengestellt, damit du siehst, wie sich auch die schwierigsten Sachverhalte vereinfachen lassen.

Kehren wir zum Beispiel der Anfänge der Europäischen Union zurück. Erinnerst du dich? Die Sache mit Kohle und Stahl?
Genau. Der Text geht dann im Original so weiter:

»*Das Recht der Europäischen Union weist, so wie nahezu jede Rechtsordnung, einen Stufenbau auf. Dabei wird zwischen Schichten des Unionsrechts unterschieden: dem durch die Mitgliedsstaaten geschaffenen, völkerrechtlichen Primärrecht und dem auf seiner Basis erlassenen Sekundärrecht als organgeschaffenes, internes Staatengemeinschaftsrecht.*«
Das klingt jetzt mal ziemlich eckig und kompliziert. Ist es auch. Doch als kleine Skizze lässt sich schon viel mehr damit anfangen, zum Beispiel so:

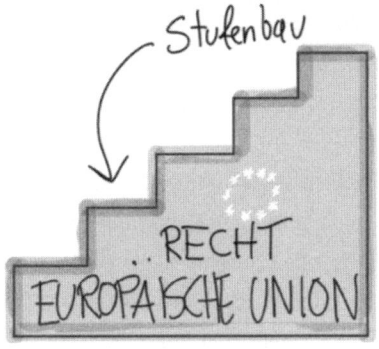

Wenn du zeichnen allerdings gar nicht magst oder wenn es dir zu umständlich erscheint oder einfach zu lange dauert, dann kannst du als visueller Typ auch darauf setzen: Farbmarker.

Wichtig ist dabei: Verwende Farbmarker niemals irgendwie und willkürlich!

Farbmarker erfüllen ihre Aufgabe erst so richtig, wenn die jeweiligen Farben auch in deinem Gehirn fest verankert sind. Du musst für dich einen Katalog dieser Farben schaffen.

Was ich damit meine?

Ganz einfach: Dein Lernstoff hat die verschiedensten Kategorien – da gibt es Substantive, Verben, Präpositionen, Zahlen und vieles mehr. Aber nicht alle sind gleich wichtig.

Die Kunst des Markierens beherrschst du dann so effektiv wie möglich, wenn du wichtig von unwichtig unterscheiden kannst. Folgender Textausschnitt wird dir das veranschaulichen. Lies ihn dir bitte in Ruhe durch und markiere mal jene Sätze oder Wörter, die du für wichtig hältst.

»Seit 1992 erkranken immer weniger Menschen an Salmonellen. Im vergangenen Jahr wurden in Deutschland nur noch rund 52.000 Fälle gemeldet. Erstmals haben sich mehr Menschen mit Campylobacter-Keimen infiziert. Die Salmonellose ist damit die zweithäufigste Lebensmittelinfektion in Deutschland. Eine bedeutende

Infektionsquelle sind Eier, die von infizierten Legehennen mit Salmonellen kontaminiert und vor dem Verzehr nicht ausreichend erhitzt wurden. In zirka dreißig Prozent der großen deutschen Legehennenbetriebe kommen Salmonellen vor. In den skandinavischen Ländern liegt die Quote unter einem Prozent, in einigen osteuropäischen Ländern bei 65 Prozent und darüber. Das ist das vorläufige Ergebnis einer Pilotstudie, die im Auftrag der Europäischen Kommission in den 25 europäischen Ländern durchgeführt und nun von der Europäischen Behörde für Lebensmittelsicherheit (EFSA) ausgewertet wurde. Die endgültigen Zahlen sollen im Herbst vorliegen. In Deutschland wurden die Daten von der amtlichen Überwachung erhoben. Am Bundesinstitut für Risikobewertung wurden sie überprüft und ausgewertet. ›Die Zahl der Salmonellen-Infektionen ist insgesamt rückläufig‹, so der Präsident des Instituts, Professor Dr. Dr. Andreas Hensel. Die Ergebnisse der Pilotstudie zeigen aber, dass wir uns auf diesem Erfolg nicht ausruhen können. Das Vorkommen von Salmonellen bei Legehennen muss weiter reduziert werden, um den Verbraucher noch besser zu schützen.«

Alles markiert? Danke!

Jetzt möchte ich dir zeigen, wie ich dabei vorgegangen bin, nach meinem System. Natürlich gibt es keine fixe Regel, mit welchen Farben du was verbindest. Aber wir Menschen haben eine psychische Farbempfindung. Das bedeutet, dass wir bestimmten Farben bestimmte Emotionen zuordnen. Und meine Farb-Legende richtet sich sehr stark danach aus.

Verwende nicht mehr als fünf Farben. Das würde dein Gehirn nur zusätzlich belasten und möglicherweise überfordern.

Also: Diese fünf Farben nehme ich für jeweils diese Bereiche:

GELB: Damit markiere ich extrem wichtige Informationen. Maximal fünf bis sieben Markierungen bei einem Text von zirka 200 Wörtern.

ORANGE: Das habe ich beim ersten Mal Lesen nicht verstanden. Da muss ich meine Lehrer oder Mitschüler fragen.

GRÜN: Damit markiere ich Jahreszahlen, Prozente, Zahlen und Fakten, die ich einfach auswendig lerne.

PINK: Diese Farbe ist für Abkürzungen.

SCHWARZ: Schwarz benutze ich zur Aufteilung des Textes. Ich veranschauliche mir damit seine Gliederung und Struktur.

Vergiss auch nicht das KISS-Prinzip, das ich dir vorhin gezeigt habe. Zusätzlich zu den fünf Farben arbeite ich mit der Macht der Symbole. Was das heißt, siehst du hier – welches Symbol ich wofür verwende. Ich habe mich dabei auf vier wesentliche beschränkt. Vorher aber zeige ich dir mal, wie dieser Text aussieht, nachdem ich ihn für mich bearbeitet habe.

Seit 1992 erkranken immer weniger Menschen an Salmonellen. Im vergangenen Jahr wurden in Deutschland nur noch rund 52.000 Fälle gemeldet. Erstmals haben sich mehr Menschen mit Campylobacter-Keimen infiziert. Die Salmonellose ist damit die zweithäufigste Lebensmittelinfektion in Deutschland. Eine bedeutende Infektionsquelle sind Eier, die von infizierten Legehennen mit Salmonellen kontaminiert und vor dem Verzehr nicht ausreichend erhitzt wurden. In zirka dreißig Prozent der großen deutschen Legehennenbetriebe kommen Salmonellen vor. In den skandinavischen Ländern liegt die Quote unter einem Prozent, in einigen osteuropäischen Ländern bei 65 Prozent und darüber. Das ist das vorläufige Ergebnis einer Pilotstudie, die im Auftrag der Europäischen Kommission in den 25 europäischen Ländern durchgeführt und nun von der Europäischen Behörde für Lebensmittelsicherheit (EFSA) ausgewertet wurde. Die endgültigen Zahlen sollen im Herbst vorliegen. In Deutschland wurden die Daten von der amtlichen Überwachung erhoben. Am Bundesinstitut für Risikobewertung wurden sie überprüft und ausgewertet. ›Die Zahl der Salmonellen-Infektionen ist insgesamt rückläufig‹, so der Präsident des Instituts, Professor Dr. Dr. Andreas Hensel. Die Ergebnisse der Pilotstudie zeigen aber, dass wir uns auf diesem Erfolg nicht ausruhen können. Das Vorkommen von Salmonellen bei Legehennen muss weiter reduziert werden, um den Verbraucher noch besser zu schützen.

Welches Symbol ich für welche Information verwende, siehst du jetzt.

Falls du dich über »K.A.« wunderst – das heißt ganz einfach: keine Ahnung.

Und so bin ich im Detail vorgegangen. Ich habe ...

1. den Text (mit Schwarz) in drei kleinere Teile aufgespalten.
2. das absolut Wichtigste mit Gelb markiert.
3. »Campylobacter-Keime« orange angestrichen, weil ich anfangs nicht wusste, welche Art von Keimen das genau ist.
4. die Zahlen und Fakten alle grün markiert.
5. die einzige Abkürzung im Text, »EFSA«, pink markiert.
6. für mich Erstaunliches mit dem Smiley und dem Pfeil markiert – dass nämlich immer weniger Menschen seit 1992 an Salmonellen erkranken. Obwohl es doch heute so viel mehr Menschen gibt.
7. die Infektionsquelle für Salmonellen mit einem Rufzeichen markiert, weil es doch wichtig ist, überhaupt

mal zu wissen, wie man an Salmonellen erkrankt, richtig?

8. mich zu guter Letzt gefragt, was denn noch wichtig sein könnte an diesem Text. Was muss ich wissen auf die Frage, was Salmonellen sind? Na, dass es sich um eine Lebensmittelinfektion handelt. Dass wir von einer Infektion sprechen – und zwar von der zweithäufigsten in ganz Deutschland.

Genau diesen letzten Teil, Punkt 8, habe ich auch mit meiner *First-Priority-Spirale* zusätzlich markiert. *First Priority* ist klar – weil es halt so wichtig ist. Ich nenne sie aber auch *Namens-Spirale*. Weil sie ebenso wichtig ist wie dein eigener Name, wenn du dich jemandem vorstellst.

Fertig ist das Markieren. Jetzt fasse das Wichtigste zusammen, je präziser und schöner, desto besser. Das sieht nun am Anfang nach mehr Aufwand aus im Vergleich zu den anderen drei Lerntypen. Ist es beim ersten Bearbeiten vielleicht auch.

Aber: Es ist nur ein einmaliger Zeitaufwand. Du hast den ganzen Stoff herrlich aufbereitet und musst nur noch deine persönliche Zusammenfassung wiederholen. Einmal pro Tag kurz überfliegen genügt schon.

LERNSIEGER MIT INSTAGRAM, SNAPCHAT UND WHATSAPP

Du bist jetzt beim wichtigsten Kapitel angelangt. Oder zumindest bei deinem Hauptgrund, dieses Buch zur Hand zu nehmen. Weil du natürlich wissen willst:

Wie kann ich Instagram, Snapchat und Whatsapp perfekt in mein tägliches Lernen integrieren?

Im Jahr 2000 fing alles an. Damals, als viele von uns noch gar nicht auf der Welt waren, braute sich etwas zusammen, das am Anfang noch belächelt, doch schon bald zu einem riesigen Sturm wurde, der über den Globus brauste. Der Name dieses Sturms:

Social Media.

Viele begingen den Irrtum (und begehen ihn zum Teil heute noch), Social Media als Hobby, Zeitverschwendung, Ablenkung und Unsinn abzutun. Dass das genaue Gegenteil der Fall ist, siehst du spätestens hier.

Über die Nachteile, die Social Media natürlich auch haben, müssen wir nicht sprechen. Ich will dir ja nicht deine Zeit stehlen, und du kennst sie ebenso gut wie ich. Außerdem geht es an dieser Stelle ganz allein um die Vorteile – darum, wie Social Media dich deinem großen Ziel, in der Schule endlich Erfolg zu haben, näherbringen können.

WARUM ÜBERHAUPT MIT
SOCIAL MEDIA LERNEN?

Weil du mit Instagram, Snapchat und Whatsapp unglaubliche Lernerfolge feiern kannst! Ich kann dir auch gleich zu Beginn erklären, warum das Lernen mit Social Media so extrem effizient, lustig und kinderleicht ist:

Beim Erlernen von neuen Inhalten dreht es sich eigentlich immer nur um eines: Die richtige Kommunikation. Je besser du den Stoff für dich aufbereiten und kommunizieren kannst, desto schneller kannst du ihn dir merken.

Das ist das große Geheimnis von jedem Lernsieger:

Schwierige Inhalte so schnell
wie möglich vereinfachen,
damit du sie dir merken kannst!

Das haben die Streber alle erkannt: Wir müssen die komplizierten Dinge so simpel wie möglich darstellen. Dann merken wir sie uns ganz leicht.

Natürlich sagt sich das so leicht und klingt einfacher als es ist. Komplizierte Themen so einfach wie möglich aufzubereiten ist in Wahrheit eine regelrechte Kunst. Vor allem, wenn du dabei nichts Wichtiges vergessen willst.

Dazu habe ich dieses Beispiel für dich:

Vor dir liegen 10.000 schwarze Büroklammern. Sie sind zum überwiegenden Teil nicht magnetisch.

Diese Büroklammern stellen in Summe deinen Stoff dar, den du für die Prüfung X lernen musst. Du musst natürlich nicht wissen, welche dieser 10.000 Büroklammern wo liegt.

Ebenso wenig musst du den gesamten Stoff beherrschen. Mit jedem Detail. Das verlangt normalerweise aber auch niemand von dir.

Stell dir nun Folgendes vor: In diesen Meer von schwarzen Büroklammern liegen, sagen wir mal, zwanzig Büroklammern, die nicht schwarz gefärbt sind. Sie sind grau. Und sie sind im Gegensatz zu allen anderen magnetisch.

Deine Aufgabe besteht nun darin:

- 👍 Mach diese zwanzig grauen, magnetischen Büroklammern ausfindig.
- 👍 Mach dich mit ihnen vertraut. Auf den Lernstoff umgelegt heißt das: Was diese zwanzig besonderen Büroklammern darstellen, musst du unbedingt wissen. Sie sind für deinen Lernerfolg enorm wichtig.

So, als zukünftiger Lernsieger ist es deine Aufgabe, effizient zu lernen: Wie findest du nun diese zwanzig speziellen Büroklammern im Heer aus 10.000?

Dazu stelle ich dir nun zwei Möglichkeiten vor – kreuze bitte jene an, die dir am sinnvollsten erscheint.

O ERSTE MÖGLICHKEIT

Du schaust dir jede einzelne der 10.000 Büroklammern einzeln an und sortierst mühsam und zeitaufwendig alle aus. Dafür brauchst du einmal zehn Tage. Und dann hast du nur einmal wichtig von unwichtig sortiert. Also: Zehn Tage sehr anstrengende Arbeit, nur um deinen Stoff zwischen wichtig und unwichtig aufzuteilen.

O ZWEITE MÖGLICHKEIT

Du nimmst einen Magneten und hast sofort alle zwanzig Büroklammern beisammen. Dafür brauchst du zehn Sekunden und es kostet dich weder viel Energie noch sonst etwas.

Jetzt fragst du dich wahrscheinlich, ob ich komplett durchgedreht bin oder warum ich auf einmal mit Magneten und Büroklammern daherkomme?

Dieser Vergleich hat nur den einen Zweck – er dient dir als Vereinfachung des sehr komplexen Themas »Lernen mit Social Media«. Denn auch hier geht es darum, etwas Kompliziertes zu vereinfachen, damit du es gleich verstehst.

Also, wie gesagt: Die 10.000 schwarzen Büroklammern stellen deinen sehr komplexen Stoff dar. Überlebenswichtig sind für dich aber nur die zwanzig grauen, magnetischen Klammern.

Ich nehme nicht an, dass du die erste Möglichkeit angekreuzt hast und alle 10.000 Klammern einzeln in die Hand nehmen willst. Also nimmst du vernünftigerweise den Magneten zu Hilfe. Und der heißt:

Instagram, Snapchat und Whatsapp!

Warum sind Social Media dein Magnet fürs Lernen? Weil alle drei Plattformen für eine einzige Sache konzipiert worden sind:

Kommunikation

Diese Kommunikation ist aber nicht zu vergleichen mit einem normalen Gespräch in der analogen Welt. Nein! Die Kommunikation via Social Media ist massiv vereinfacht und viel schneller.

Kommunikation auf Instagram, Snapchat, Whatsapp und dergleichen ist auf Bilder, Abkürzungen, Hashtags, Storys und kurze Kommentare beschränkt. Das heißt, Social Media sind genau darauf spezialisiert:

Komplexe Sachverhalte zu kürzen.

Wie zum Bespiel deine Erlebnisse der letzten Woche, die du auf ein einziges Bild mit Kommentar zusammenschrumpfen lässt. Und damit bist du mitten drin im enormen Vorteil von Social Media – auch, nein: gerade für deinen Weg zum Lernsieger.

Anstatt deinen komplexen und großen Stoff mühsam und zeitintensiv selbst zu vereinfachen, verwendest du den effektiven Magneten namens Social Media!

Die Zeiten, wo wir stur auswendig gelernt haben und einsam am Schreibtisch gesessen sind, müssen endgültig vorbei sein. Sie sind auch vorbei! Darum hältst du dieses Buch in Händen. Das erste seiner Art. Weil es dir zeigt, wie du mit Social Media zum Lernsieger wirst.

Vielleicht fragst du dich noch das hier: Jetzt gibt es Social Media seit fast zwanzig Jahren. Warum kommt erst jetzt ein noch dazu erst 17-jähriger Schüler und Jungstudent auf die Idee, darüber ein Buch zu schreiben?

Ganz einfach: Das Durchschnittsalter deiner Lehrer liegt zurzeit über vierzig. Das heißt: Deine Lehrer können gar keine Ahnung von Social Media haben – also zumindest nicht so richtig. Weil sie schlichtweg zu alt sind.

Wir sind überhaupt die erste Generation, die mit Social Media aufgewachsen ist. Dass ich es geschafft habe, vom Fünferschüler zu einem der jüngsten Wirtschaftsrechtsstudenten weit und breit aufzusteigen, habe ich zu einem großen Teil ihnen zu verdanken:

Meinen Lerntechniken mit Social Media!

Was ich dir sagen will: Konzentriere dich bitte auf die folgenden Seiten ganz besonders. Mach dir die Wichtigkeit dieser Techniken für deinen Lernsieg bewusst! Es sind exakt jene Strategien, die auch mir geholfen haben. Die es mir erlauben, nicht nur in der Schule Bestnoten zu schreiben, sondern auch an der Uni Prüfungen abzulegen, seit ich 15 Jahre alt bin.

Wenn du die kommenden Seiten verinnerlichst und wirklich gut umsetzt, dann wartet dieser Lohn auf dich:

Extrem gute Noten ...
bei wenig Aufwand ...
und dafür mehr Freizeit!

INSTAGRAM, SNAPCHAT, WHATSAPP – WAS IST WOFÜR IDEAL?

Du lernst für Mathematik anders als für eine Fremdsprache, wenn du Vokabel vor dir hast. Weil jedes Fach auch seine Eigenheiten und seine besonderen Anforderungen hat.

Für Lernen mit Social Media gilt etwas Ähnliches. Hier fürs Erste einmal, worin die besonderen Stärken dieser drei Plattformen liegen.

Instagram: Aufteilung, Vereinfachung und Strukturierung des Stoffes.
Snapchat: Stofffestigung, Abfragen, Erhöhung deiner Lerngeschwindigkeit
Whatsapp: Gruppenanrufe, menschliches Interagieren, gegenseitiges Helfen

Tipp: Wenn du alle drei Medien nützt, hast du die höchste Erfolgsquote.

So kurzweilig und effizient die drei Plattformen für sich sind, so kurz und leicht soll auch die Erklärung sein, wie du sie am besten für dein Ziel nutzen kannst.

Effizienz ist das, was beim Lernen zählt.

Darum machen wir es jetzt step by step. Jeder muss damit klarkommen. Das ist das erklärte Ziel dieses Buches. Ich möchte keinesfalls riskieren, dass auch nur ein Leser das Lernen mit Social Media nicht versteht, nur weil die Anleitung zu kompliziert abgefasst ist. Also gilt auch für mich:

Keep it simple, stupid!

INSTAGRAM 📷

Instagram ging 2010 online und ist mit über einer Milliarde Usern zurzeit eine der größten Social-Media-Plattformen der Welt.

Allein auf Instagram werden jeden Tag mehr als sechzig Millionen neue Beiträge hochgeladen. Worauf hat sich nun Instagram fokussiert und spezialisiert?

Instagram ist ein absoluter Experte darin, extrem vereinfacht durch Bilder, Videos und Storys zu kommunizieren.

Diese Kommunikation wird von der App sehr stark strukturiert. All deine Bilder sind in einem schönen, nach Datum sortierten Feed aufgereiht. Deine Storys kannst du als Highlight ebenfalls sehr sortiert speichern. Du siehst auf dem Steckbrief auf einen Blick, worum es beim jeweiligen Account geht.

Genau wegen dieser Übersichtlichkeit und Struktur eignet sich Instagram perfekt für die erste Phase deines Lernprozesses:

Die Strukturierung und Vereinfachung des Stoffes!

Und so wird es gemacht:

INSTAGRAM – WENN DU ALLEINE LERNST

1. Lade dir die App Instagram auf dein Handy.
2. Registriere dich. Falls du schon einen Account hast, drückst du auf deinen Nutzernamen und fügst ein Konto hinzu. Du siehst nun einen neuen, noch leeren Account vor dir.
3. Gehe nun zu den Einstellungen.
4. Drücke auf »Privatsphäre und Sicherheit«.
5. Drücke nun auf »Konto-Privatsphäre«.
6. Stelle deinen Account auf ein privates Konto um.
7. Gehe zurück auf dein Profil und stelle dein Profilbild ein. Hierfür drückst du »Profil bearbeiten«. Dann gehst du auf »Profilbild ändern«.
8. Als Profilbild nimmst du ein Foto vom Einband des Buches, aus dem du hauptsächlich lernen wirst. Wenn es mehrere Bücher sind, erstellst du mehrere Accounts. Dazu aber später mehr!
9. Drücke nun wieder auf »Profil bearbeiten«.

10. Ändere deinen Nutzernamen. Als Nutzernamen verwendest du den Namen des Faches, für das du lernst. Und das Datum, an dem die Prüfung stattfinden wird. Falls dieser Name schon vergeben ist, spielst du dich einfach ein wenig herum. Du kannst Punkte, Zahlen oder Abstände einfügen. Wichtig ist es, dass du zuerst den Namen des Faches und dann das Prüfungsdatum schreibst.

Das könnte dann so aussehen:
Benutzernamen:

> biologie18.11
> biologie_1811
> bio.18.11._
> _biologie18.11_
> biologie_18.11_
> bio18.November

Weiter geht es nun so:

11. Drücke wieder auf »Profil bearbeiten«.
12. Nun änderst du deinen Namen. Als Namen schreibst du »Stoff:«
13. Drücke auf »Profil bearbeiten«.
14. Nun widmest du dich deinem »Steckbrief«. Im Steckbrief schreibst du deinen Stoff auf. Diesen musst du in Stichworten zusammenfassen, da nur 150 Zeichen erlaubt sind. Wenn du ihn direkt in Instagram schreibst, werden deine Abstände auch als Zeichen gezählt.

Ein Tipp: Gehe in eine andere App und schreibe deinen Stoff auf. Kopiere diesen nun und füge ihn in Instagram ein. Auf diese Weise werden die Abstände nicht von Instagram gewertet.

Problem: Da du nur 150 Zeichen zur Verfügung hast und dein Stoff oft auch schon in Stichworten mehr Platz benötigt, rate ich dir, mehrere Accounts zu machen und den Stoff einfach aufzuteilen. Insgesamt kannst du fünf Accounts haben. Das entspricht 750 Zeichen und sollte absolut ausreichend sein. Im Notfall kannst du dir auch nur die Buchseiten in den Steckbrief schreiben.

15. Nun beginnst du mit dem Zusammenfassen deines Lernstoffes.

Auch hier musst du wieder auf deinen Lerntyp achten. Dank des Tests und der genauen Erklärungen weißt du ja mittlerweile, worauf du ganz besonders anspringst.
Hier hast du eine kleine Übersicht, mit welchem Lerntypen du auf Instagram den Stoff wie zusammenfassen solltest:

AUDITIVER LERNTYP

- 👍 Du sprichst dein Stoffgebiet auf Videos.
- 👍 Hintergrund schwarz mit weißer Überschrift, worüber du sprichst.

👍 Hierbei achtest du bitte immer darauf, mit Elan und Energie in deiner Stimme zu sprechen. Es wird dir dadurch leichter fallen, dir den Stoff zu merken.

👍 Achtung! Bitte ohne Hintergrundmusik oder andere störende Geräusche hochladen.

👍 In deinem Kommentar stellst du immer fünf Fragen zu deinem Video. Immer mit den richtigen Antworten dazu.

VISUELLER LERNTYP

👍 Du fasst dein Stoffgebiet in Bilder zusammen.

👍 Je einfacher deine Bilder sind, desto besser!

👍 Stelle in deinem Kommentar Fragen zu deinem Bild. Natürlich auch hier mit den passenden Antworten.

MOTORISCHER LERNTYP

👍 Es geht ja um Bewegung, also: Filme dich dabei, wie du den Stoff anhand von bewegten Videos erklärst.

👍 Setze dir keine Grenzen und versuche, dir den Stoff so bewegt und lustig wie möglich zu erklären.

👍 Stelle auch hier wieder Fragen mit Antworten in deinem Kommentar.

KOMMUNIKATIVER LERNTYP

👍 Diesmal stellst du keine Frage in deinen Kommentar.

👍 Stattdessen uploadest du ein kurzes Video.

👍 Darin fasst du am Anfang kurz den Stoff zusammen.

👍 Dann beginnst du eine Diskussion über den Lernstoff.

👍 In deinen Kommentar schreibst du einfach nur das Thema deines Videos.

👍 Wichtig ist: Du führst mit dir selbst eine Diskussion. Dabei versuchst du dir möglichst anschaulich und einprägsam den Kopf über das Thema zu zerbrechen.

👍 Weil du ja ein kommunikativer Lerntyp bist, lege ich dir aber sehr ans Herz, wenn möglich, mit einem Lernpartner zu diskutieren. Mit jemandem, mit dem du eben kommunizieren kannst!

Weiter geht's in deinem Lern-Ablauf auf Instagram:

Wenn du größere Stoffmengen zu bewältigen hast und du das Stoffgebiet des ersten Accounts fertig zusammengefasst hast, erstellst du dir einen neuen Account. Bei diesem machst du genau dasselbe wie beim Ersten, mit dem Unterschied, dass der Stoff anders ist.

NÜTZE DEINE STORY-FUNKTION

Damit sind wir bei einem weiteren sehr guten Hilfsmittel von Instagram angelangt, mit dem du deinen Lernstoff zusammenfassen und strukturieren kannst. Die Story-Funktion.

Und so wird's gemacht:

1. Du erstellst eine Story, indem du auf das kleine blaue Plus neben »Profil bearbeiten« drückst.
2. Stelle dir nun eine Frage bezüglich deines Stoffes.
3. Erstelle eine neue Story mit der Antwort auf deine erste Frage.
4. Nun gehst du auf deine Story und spulst auf deine erste Frage zurück.
5. Rechts unten siehst du ein eingekreistes Herz mit der Unterschrift »Highlight«. Drücke auf dieses.
6. Nun musst du deinem Highlight einen Namen geben. Ich empfehle dir, dem Highlight den Namen »Q&A« zu geben. Das steht für »question and answer«, also »Frage und Antwort«.

Achte bei deinen Fragen und Antworten immer darauf, dass du nicht mehr als sieben Informationen auf ein Bild gibst. Genau wie bei Karteikarten (davon erzähle ich dir später noch mehr) wären mehr als sieben Informationen einfach zu viel für dein Gehirn.

7. Wenn du deine Frage zum Highlight hinzufügst, drückst du dich zur Antwort weiter und fügst diese auch zum gleichen »Q&A«-Highlight hinzu. Achtung! Pro Highlight kannst du nur hundert Elemente, sprich fünfzig Fragen und fünfzig Antworten hinzufügen. Wenn du mehr hinzufügst, werden deine ersten Fragen und Antworten gelöscht. Erstelle daher nach hundert Elementen ein neues Highlight.

Hier eine Übersicht, welche Art von Storys du je nach Lerntyp erstellen solltest:

AUDITIVER LERNTYP

👍 Du schreibst dir deine Fragen nicht auf, sondern nimmst sie auf.

👍 Zuerst stellst du dir eine Frage und dann beantwortest du sie dir wieder.

👍 Alles, was du dann noch machen musst, ist dir deine Storys anzuhören.

👍 Nachdem du deine Frage gehört hast, stoppst du deine Story indem du auf den Bildschirm drückst und dir fünf Sekunden Zeit gibst, um eine Antwort zu finden.

VISUELLER LERNTYP

👍 Beim visuellen Lerntypen schreibst du dir deine Frage und deine Antwort auf.

👍 Auf Instagram kannst du die Schriftart, Größe und Farbe deines Textes verändern. Hier gebe ich dir folgenden Rat:

👍 Spiele dich mit Farbe, Größe und Schriftart. Aber achte immer darauf, dass deine Frage und die dazugehörige Antwort in derselben Schriftart und Farbe sind.

👍 Bei einer neuen Frage kannst du dann wieder eine andere Schriftart und Farbe nehmen. Dadurch gehst du sicher, dass du dein Gehirn nicht so sehr verwirrst. Wenn du eine Frage in einer bestimmten Schriftart und Farbe gestaltest und deine Antwort farblich und schriftlich komplett anders ausschaut, fällt es deinem Gehirn schwerer, diese zu verbinden.

👍 Also: Innerhalb eines Frage-Antwort-Paars immer die gleiche Farbe und Schriftarte verwenden. Bei unterschiedlichen Fragen kannst du unterschiedliche Farben und Schriftarten verwenden.

MOTORISCHER LERNTYP

👍 Wie du weißt, geht es beim motorischen Lerntyp um Bewegung. Also filme dich dabei, während du deine Frage und Antwort erstellst.

👍 Bewege dich dabei möglichst viel und mache abstrakte Bewegungen.

KOMMUNIKATIVER LERNTYP:

👍 Beachte bei deiner Frage vor allem: Stell sie auf eine möglichst intensiv hinterfragende und diskutierende Art und Weise.

👍 Du inszenierst praktisch eine Diskussion mit dir selbst!

👍 Du wiegst die Vor- und Nachteile des Stoffes, ihre Auswirkungen und Bedeutung ab und filmst dich dabei.

👍 Kommuniziere mit dir selbst.

Weiter geht's mit der Story-Funktion:

Wiederhole deine »Q&A-Highlights« so oft wie nur möglich. Sobald du einen Fehler bei deiner Antwort machst, wiederholst du das gesamte Highlight. Und zwar so lange, bis du es wirklich fehlerlos beherrschst! Sei ehrlich zu dir selbst und beginne wirklich immer am Anfang.

Ein Tipp: Verwende GIFs!

Bei jedem Bild und Video auf deiner Story kannst du dir mit GIFs helfen. Das sind, wie du bestimmt weißt, kurze Videos, die etwas vermitteln. Eine Stimmung. Eine Botschaft. Alles Mögliche.

Gib dazu einfach bei GIFs das Thema deiner Frage ein und schau nach, ob es dazu womöglich ein GIF gibt. Je kreativer du deine Bilder und Videos gestaltest, desto besser!

HILFE UND PLANUNG

Bei vielen meiner Nachhilfeschüler scheiterte es auch oft an der Planung. Wie wichtig die richtige Herangehensweise und Planung ist, erkläre ich dir im Anschluss an dieses große Kapitel. Denn es gilt:

Auch wenn du mit Social Media lernst, ist Planung essentiell und unabdingbar.

Ein Zitat, das ich in dem Zusammenhang gerne verwende: »Der gut Vorbereitete hat öfter Glück«. Je besser du also deinen Lernprozess planst, desto leichter wird dir das Lernen fallen. Bei meinen Nachhilfeschülern ist mir auch das aufgefallen: Viele neigen dazu, sich beim Lernen mit Instagram leicht ablenken zu lassen. Das ist zugegebenermaßen auch nicht allzu schwer.

Gerade darum ist eine besonders strukturierte Planung so wichtig. Darin muss vor allem festgelegt werden:

- 👍 Wie verwende ich meinen Lern-Account?
- 👍 Wann verwende ich ihn?
- 👍 Wo verwende ich ihn?
- 👍 Wie lange verwende ich ihn?

So solltest du es schaffen, deinen inneren Schweinehund namens »Ablenkung« zu bändigen. Ich habe dir hier eine Anleitung bereitgestellt, wie du dein Lernen mit Instagram für dich organisieren kannst.

Hamza

> Am meisten mochte ich dass du mir wieder Mut gegeben hast und mich oag motiviertest. Vielen Dank nochmals 👻

Kopiere dir den folgenden Plan und fülle ihn aus!

MEIN LERNPLAN MIT INSTAGRAM

Für welches Fach lerne ich mit Instagram?

....

Bis zu welchem Datum muss ich mir den Stoff angeeignet haben?

....

Wie lautet der Stoff? Bitte in Stichworten!

....

....

....

....

....

....

....

Wie leicht lasse ich mich von Ereignissen auf Instagram ablenken?

gar nicht — **extrem**

Welcher Lerntyp bin ich? (Die beiden stärksten, aber nicht mehr als zwei)

....

....

Mit welchen Lernstrategien oder Techniken werde ich mir den Stoff auf Instagram vereinfachen? Kreuze bis zu drei Techniken an, die dich am meisten ansprechen. (Einzelheiten zu diesen »klassischen« Lerntechniken und wie du sie perfekt mit Social Media kombinieren kannst, erfährst du ab Seite 145)

        O   Emotionales Lernen
        O   Karteikartensystem
        O   Mind-Mapping
        O   Visualisierung
        O   Geschichten-Technik
        O   Loci-Technik
        O   Kennwort-Strategie

Wie viel Zeit verbringst du täglich auf Instagram? (Ehrlich beantworten!)

.... Stunden   .... Minuten

Wie viel Zeit bist du bereit, auf deinem Lern-Account zu verbringen?

.... Stunden   .... Minuten

Gratulation! Du hast nun einen groben Plan, wie du mit Instagram lernen wirst.

Um diesen Plan zu erweitern und dir die Planung noch leichter zu machen, habe ich für dich ein Register-Profil erstellt, wie du es dann auch tatsächlich auf Instagram finden wirst.

Auch hier bitte wieder: Kopieren, damit du ihn öfters verwenden kannst!

Bitte plane so genau wie möglich und
bleibe dabei realistisch!

Es bringt gar nichts, wenn du dir jetzt zu große und für den Anfang noch nicht erreichbare Ziele setzt. Das würde dich am Ende nur demotivieren. Erinnere dich: Mit kleinen Schritten zum Lernsieg!

DEIN INSTAGRAM-KALENDER

Erster Beitrag:
Name des Beitrags (Soll einen Bezug zum Inhalt haben):

....

....

Erstellungsdatum: ....

Stoff:

....

....

....

....

Lerntechnik:

....

....

....

Zweiter Beitrag:

Name des Beitrags (Soll einen Bezug zum Inhalt haben):

....

....

Erstellungsdatum: ....

Stoff:

....

....

....

....

Lerntechnik:

....

....

....

Dritter Beitrag:

Name des Beitrags (Soll einen Bezug zum Inhalt haben):

....

....

Erstellungsdatum: ....

Stoff:

....

....

....

....

Lerntechnik:

....

....

....

Du hast nun die erste Reihe deines Lern-Accounts auf Instagram professionell geplant. Jetzt gehst du so vor:

- 👍 Kopiere diesen Plan so oft, wie du ihn benötigst.
- 👍 Die ausgeschnittenen Kopien klebst du am besten auf ein größeres Plakat, damit du auf einen Blick siehst, wie du dir den Stoff aufgeteilt hast.
- 👍 Streiche bereits erstellte Beiträge auf deinem Plakat durch. Dadurch wirst du dir deines Fortschrittes bewusst.

In der Phase, in der du dir den Stoff schön aufbereitest, passiert es oft, dass du deine Motivation und deinen Mut verlierst. Für Schüler ist die Aufteilung des Stoffes oft eine mühsame und langweilige Aufgabe, weil das doch »eh unnötig« ist. Diese Worte habe ich schon besonders oft gehört.

In Wahrheit ist es so:

Die richtige Aufbereitung des Stoffes ist einer der Schlüsselfaktoren für deinen Lernerfolg.

Auch, wenn dies gerade am Anfang schnell einmal langweilig werden kann … glaube mir, du ersparst dir viel Stress und Misserfolg, wenn du das gewissenhaft machst!

Damit du deine Motivation nicht ganz so schnell verlierst, empfehle ich dir Folgendes:

Führe ein Erfolgstagebuch.

Dort schreibst du ausschließlich deine Erfolge hinein. Niemals Misserfolge. Die blendest du komplett aus. Ich habe dir ein Beispiel angeführt, wie so ein Erfolgstagebuch aussehen kann. Du kannst diese Vorlage wieder kopieren.

Lena

Durch dich und deine Affirmationen habe ich mit einem ausgezeichneten Erfolg die 7. klasse abgeschlossen.
Ohne dich hätte ich vielleicht wiederholen müssen...
Wie sagten wir „merci" 😂 hahaha
Ohne Spaß dankeeee

MEIN ERFOLGSTAGEBUCH

Datum: ....

Was habe ich Neues gelernt? (Stichworte)

....

....

....

....

Was war heute mein größter Erfolg?

....

....

....

....

Wie weit bin ich meinem Ziel, ein Lernsieger zu werden, nähergekommen?

gar nicht — — — — — — — — — — — — — — — — — — **sehr viel**

Werde ich weiterhin alles geben, um ein Lernsieger zu werden?

- O Ja
- O Sicher
- O Klar
- O Natürlich
- O Immer

Du siehst schon, für ein »Nein« ist kein Platz!

Für den Fall, dass du mit Freunden in einer Lerngruppe lernst, bitte ich euch alle, diese Pläne einzeln auszufüllen und euch beim Instagram-Kalender abzusprechen, wer was macht.

INSTAGRAM, WENN IHR
IN DER GRUPPE LERNT

Wenn du in der Gruppe lernst, sind fast alle Schritte gleich, wie wenn du alleine lernen würdest. Hier gibt es nur den Unterschied, dass du mit anderen Menschen kommunizieren musst. Hier die Anleitung:

1. Lade die App Instagram auf dein Handy.
2. Registriere dich. Falls du schon einen Account hast, drückst du auf deinen Nutzernamen und fügst ein Konto hinzu. Du siehst nun einen neuen, noch leeren Account vor dir.
3. Gehe zu den Einstellungen.
4. Drücke auf »Privatsphäre und Sicherheit«.
5. Drücke auf »Konto-Privatsphäre«.
6. Stelle deinen Account auf ein privates Konto um.
7. Gehe zurück auf dein Profil und stelle dein Profilbild ein. Hierfür drückst du »Profil bearbeiten«. Dann gehst du auf »Profilbild ändern«.
8. Als Profilbild nimmst du ein Foto vom Einband des Buches, aus dem du hauptsächlich lernen wirst. Wenn es mehrere Bücher sind, erstellst du mehrere Accounts.
9. Drücke wieder auf »Profil bearbeiten«.
10. Ändere deinen Nutzernamen. Als Nutzernamen verwendest du den Namen des Faches, für das du lernst, und das Datum, an dem die Prüfung stattfinden wird. Falls dieser Name schon vergeben ist, spielst

du dich einfach ein wenig herum. Du kannst Punkte, Zahlen oder Abstände einfügen. Wichtig ist, dass du zuerst den Namen des Faches und dann das Prüfungsdatum schreibst.

Viki

Ich muss dir mal danke sagen ich schaue deine story seit knapp 2 jahren und letztes jahr hast du mir echt mut gegeben. Seit diesem Schuljahr mache ich sachen die mir Spaß machen und lerne und das effektiver denn je. Letztes schuljahr waren meine noten echt schlecht aber jetzt habe ich einfach das 3. beste Zeugnis der klasse
Danke 😬

Ich

Wahnsinn! Freut mich, weiter so bin stolz 😊

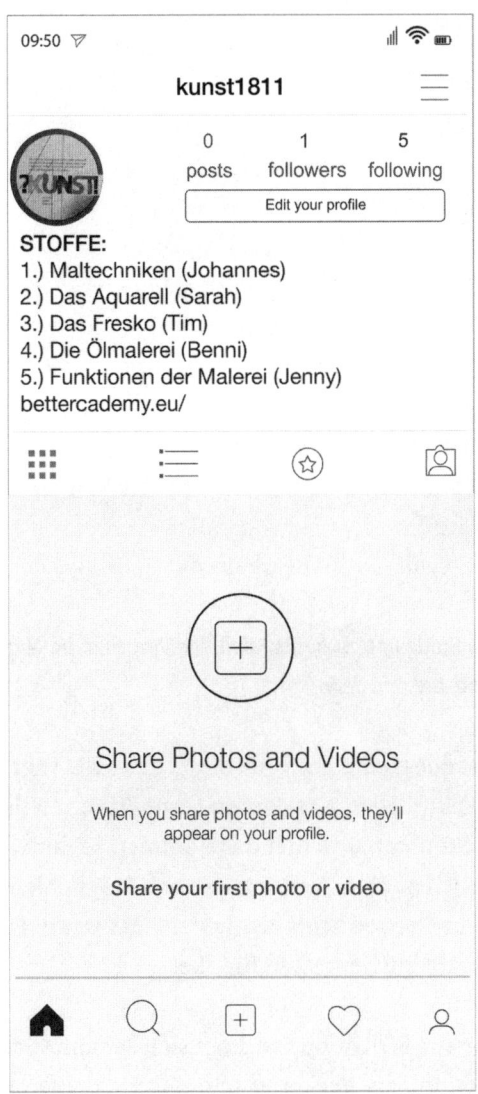

Hier wieder das schon erwähnte Beispiel:

Benutzernamen:

> biologie18.11
> biologie_1811
> bio.18.11._
> _biologie18.11_
> biologie_18.11_
> bio18.November

11. Drücke wieder auf »Profil bearbeiten«.
12. Nun änderst du deinen Namen. Als Namen schreibst du »Stoff:«
13. Drücke auf »Profil bearbeiten«.

An dieser Stelle unterscheidet sich das Vorgehen im Unterschied zum Allein-Lernen, denn:

14. Du »addest« die Lern-Accounts deiner Lerngruppen-Mitglieder. Mit deinen Lernpartnern teilst du den Stoff auf. Beachtet dabei immer, so fair wie möglich zu sein. Jeder sollte nach Möglichkeit die gleiche Portion Stoff bearbeiten. Das ist am Ende auch am effizientesten für alle!

15. Jeder aus der Gruppe widmet sich seinem »Steckbrief«. In den Steckbrief schreibst du deinen Stoff auf, der dir in der Gruppe zugeteilt wurde.

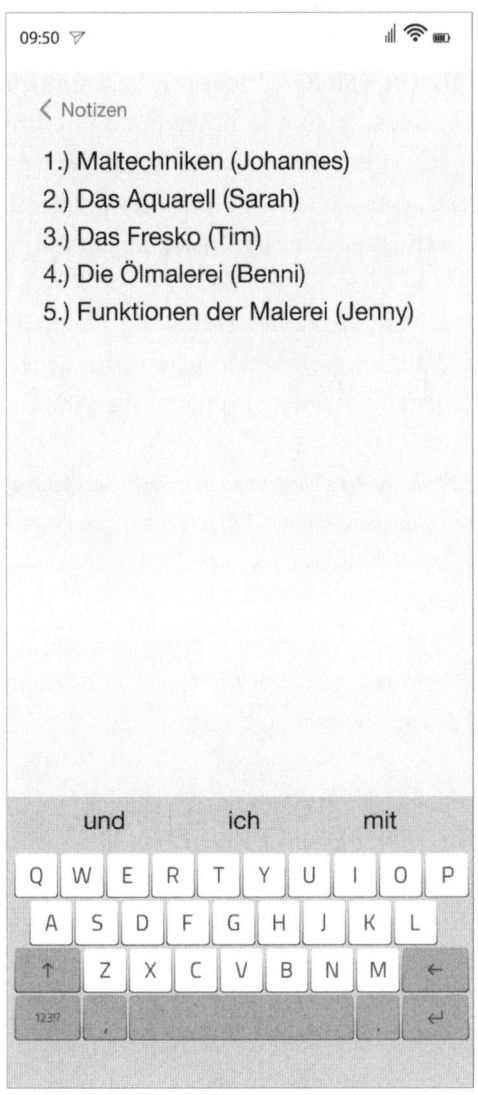

1.) Maltechniken (Johannes)
2.) Das Aquarell (Sarah)
3.) Das Fresko (Tim)
4.) Die Ölmalerei (Benni)
5.) Funktionen der Malerei (Jenny)

Auch jetzt gilt wieder:

Du musst den Stoff in Stichworte zusammenfassen, da nur 150 Zeichen erlaubt sind. Wenn du ihn direkt in Instagram schreibst, werden deine Abstände auch als Zeichen gezählt. Es gelten dieselben Zeichenbeschränkungen wie wenn du alleine auf Instagram lernst.

Wichtig: Vergiss bei der Notierung des Stoffes nicht darauf, immer die Namen deiner Mitglieder dazu zu schreiben. Ihr arbeitet ja gemeinsam daran.

Ich wiederhole meinen Tipp von oben: Gehe auf eine andere App und schreibe deinen Stoff auf. Kopiere diesen und füge ihn in Instagram ein. Auf diese Weise werden die Abstände von Instagram nicht gewertet.

16. Nun beginnt jedes Mitglied mit dem Zusammenfassen des zugewiesenen Stoffes.

LERNTYPEN BEIM LERNEN IN DER GRUPPE

Natürlich gilt auch für die Gruppe: Nehmt so gut es geht Rücksicht auf eure Lerntypen, die ich oben erklärt habe. Ideal ist es, wenn in Lerngruppen gleiche Neigungen beziehungsweise Lernstärken herrschen – aber das wird wohl nicht immer machbar sein.

AUDITIVER LERNTYP

👍 Jeder spricht sein Stoffgebiet auf Videos. Hintergrund schwarz mit weißer Überschrift, worüber du sprichst.

👍 Wieder gilt: Mit Elan und Energie sprechen.

👍 Bitte ohne Hintergrundmusik oder andere störende Geräusche hochladen.

👍 In deinem Kommentar stellst du immer fünf Fragen zu deinem Video, auf die deine Freunde richtig antworten müssen.

👍 Damit keiner deiner Freunde auf deinen Post vergisst, markierst du sie auf diesem.

👍 Das Markieren eines Lernfreundes muss immer vor der Veröffentlichung geschehen.

👍 Sobald deine Freunde deine Frage beantwortet haben gibst du ihnen Bescheid, ob ihre Antwort richtig ist. Dies tust du, indem du bei den Kommentare rechts auf das kleine Herz daneben drückst. Dadurch wissen sie, dass ihre Antwort richtig war.

👍 Falls sie falsch war, antwortest du auf den Kommentar und verbesserst die Antwort.

VISUELLER LERNTYP

Du fasst deinen Stoff in Bildern zusammen. Je einfacher die Bilder sind, desto besser! Stell in deinem Kommentar Fragen zu deinem Bild. Wie beim auditiven Lerntyp markierst du deine Freunde und gibst ihnen Bescheid, ob ihre Antworten richtig sind.

MOTORISCHER LERNTYP

Es geht um Bewegung. Filmt euch also dabei, wie ihr euch den Stoff anhand von bewegten Videos erklärt. Setzt euch keine Grenzen und versucht, euch den Stoff so bewegt und lustig wie möglich zu erklären. Stellt auch hier wieder Fragen zu euren Videos und lasst diese von euren markierten Freunden beantworten.

KOMMUNIKATIVER LERNTYP

Diesmal stellt ihr keine Frage in euren Kommentaren, sondern fragt bereits im Video. Zuerst fasst ihr kurz euren Stoff zusammen und stellt dann kritische Fragen dazu. In der Kommentarfunktion wird dann darüber diskutiert.

Auch für das Instagram-Lernen in der Gruppe gilt wieder: Wenn ihr eine größere Stoffmenge zu bewältigen habt und ihr den Stoff des ersten Accounts zusammengefasst habt, erstellt neue Accounts für den zusätzlichen Stoff. Solange, bis alles abgedeckt ist.

NÜTZT EURE STORY-FUNKTION

Das geht natürlich genauso in der Gruppe.
Ein weiteres sehr gutes Hilfsmittel, um euren Lernstoff zusammenzufassen und zu strukturieren bietet die Story-Funktion.

Hier die Anleitung:

1. Jeder von euch erstellt eine Story, indem ihr auf das kleine blaue Plus neben »Profil bearbeiten« drückt.
2. Stellt eure erste Frage bezüglich des Stoffes.
3. Erstellt eine neue Story mit der Antwort auf diese erste Frage.
4. Nun geht ihr auf eure Story und spult zu dieser ersten Frage zurück.
5. Rechts unten seht ihr ein eingekreistes Herz mit der Unterschrift »Highlight«. Drückt auf dieses.
6. Jetzt müsst ihr eurem Highlight einen Namen geben. Wie schon vorhin empfohlen: Nehmt am besten »Q&A«. *Achtung!* Auch hier gilt wieder: Nie mehr als sieben Informationen auf ein Bild geben.
7. Wenn ihr eure Frage zum Highlight hinzufügt, drückt ihr weiter zur Antwort und fügt sie auch zum gleichen »Q&A«-Highlight hinzu. *Achtung!* Pro Highlight kannst du nur hundert Elemente, sprich fünfzig Fragen und fünfzig Antworten hinzufügen. Wenn du mehr hinzufügst, werden deine ersten Fragen und Antworten gelöscht. Erstelle daher nach hundert Elementen ein neues Highlight.

Wenn ihr mehr Interaktivität haben möchtet, könnt ihr eure Story-Funktion auch anders verwenden.

👍 Anstatt eine Frage und Antwort zu euren Highlights hinzuzufügen, könnt ihr euch auch gegenseitig markieren. Hierfür erstellst du eine Frage zum Stoff und markierst deine Freunde. Diese werden jetzt benachrichtigt und können auf deine Fragen in ihren Storys antworten! Bei richtiger Antwort reagierst du mit einem Daumen hoch und bei einer falschen reagierst du mit der richtigen Lösung.

Gratulation! Du weißt nun, wie du alleine oder in der Gruppe deinen Lernstoff effizient strukturieren und aufteilen kannst.

Wenn du damit fertig bist, solltest du einen sehr schön übersichtlichen Account haben, in dem du den relevanten Stoff für deine Prüfung immer nachsehen kannst.

Befasse dich so viel wie möglich mit diesem Stoff und lies dir täglich deine Beiträge durch.

Strukturierung und Aufteilung des Stoffes ist aber allerdings nur der erste Teil deines Lernprozesses. Der zweite stellt die Überprüfung deines Wissens dar.

Für diese Überprüfung kann ich nur das hier empfehlen: Snapchat.

Tim

Seitdem wir damals gelernt haben musste ich keine Nachprüfung mehr machen oder sonst irgendwas. Ich wende die Techniken an und alles geht besser. Mehr Spaß macht es mir jetzt auch wieder. Thanks 😎

SNAPCHAT 👻

Snapchat ist, wie Instagram, ein sehr großes soziales Netzwerk.

Im Vergleich zu Instagram ist die Struktur bei Snapchat grundlegend anders. Während man bei Instagram den Lernstoff gut gliedern und strukturieren kann, ist Snapchat wie geschaffen für das Abfragen des Stoffes.

Also: Instagram verwendest du wie ein Sieb oder einen Magneten (denk an die schwarzen Büroklammern), um den Stoff zu selektieren.

Snapchat wiederum, um diesen selektierten Stoff abzufragen.

Warum?

Weil Fotos und Videos, wie du weißt, nach dem Anschauen gelöscht werden und dein Partner sieht, wie lange du brauchst, um die Frage zu beantworten.

Es wird dadurch eine relativ reale Prüfungssituation geschaffen. Durch die App wird deine Entscheidungsdauer und somit die Zeit, die du benötigst, um dein Wissen abzurufen, massiv optimiert.

Der einzige Nachteil: Du brauchst einen Partner. Alleine lernen über Snapchat macht wenig Sinn, da du sowieso schon die Highlight-Funktion auf Instagram verwendest.

Und so wird's gemacht:

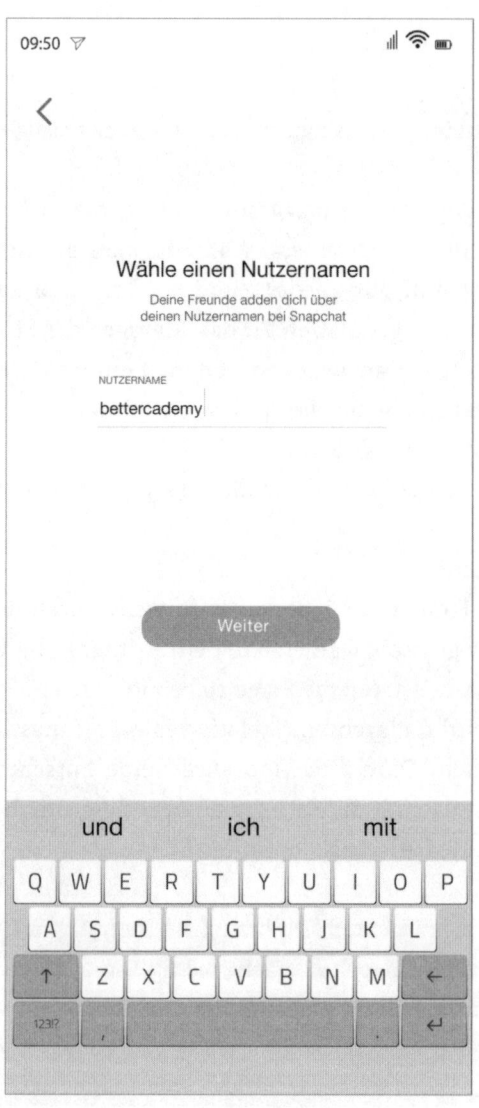

8. Lade dir Snapchat auf dein Handy. (Die meisten haben es ohnehin schon.)

9. Registriere dich. Der Benutzername ist hierbei völlig egal.

10. »Adde« deinen Lernpartner.

11. Macht euch im Vorhinein aus, wann ihr euch welche Teile des Stoffes abfragt und haltet eure Termine diszipliniert ein.

12. Nun wischst du nach links und kommst in den »Chat-Bereich«.

13. Drücke nun zweimal auf den Namen deines Lernpartners.

14. Stelle ihm eine Frage und stelle den Timer auf zehn Sekunden ein.

15. Achte ganz genau darauf, wie lange dein Partner braucht, um deine Frage zu beantworten. Zu den zehn Sekunden gibst du ihm weitere zehn Sekunden, um zu antworten. Falls dein Partner länger braucht, schickst du ihm einfach die korrekte Antwort.

16. Wenn dein Lernpartner richtig geantwortet hat, gibst du ihm ein Zeichen, damit er weiß, dass seine Antwort richtig war.

17. Dann kommt dein Partner dran und stellt dir eine Frage.

18. Wechselt euch immer ab.

19. Sagt jemand etwas Falsches – egal. Bleibt nicht allzu lange daran hängen, sondern bessert euch aus und macht einfach weiter.

20. Macht lieber von der richtigen Antwort einen Screenshot. Den Screenshot stellst du dann in deine Story, wo er für 24 Stunden bleibt. Das hat den Sinn, dass ihr nach eurer Überprüfung noch einen Tag lang die richtigen Antworten lernen könnt. Vergesst nicht, eure Story mit den ausgebesserten Fehlern zu speichern, sodass ihr sie länger wiederholen könnt.

Ein Tipp: Fragt euch die falsch beantworteten Fragen immer wieder. Durch die Wiederholung werdet ihr euch die richtige Antwort schnell merken können.

Achtet natürlich auch bei Snapchat
bei euren Überprüfungen immer
auch auf eure Lerntypen:

AUDITIVER LERNTYP

Wenn dein Lernpartner ein auditiver Lerntyp ist, empfehle ich dir:

- 👍 Schreibe deine Frage nicht auf, sondern nimm sie per Video auf.
- 👍 Verwende nicht die Sprachmemo-Funktion im Chat (weil es ja eine zeitliche Begrenzung gibt).
- 👍 Sprich deutlich.
- 👍 Wähle als Video-Hintergrund eine schwarze oder jedenfalls einfarbige Fläche. Du möchtest deinen Lernpartner ja nicht ablenken.

👍 Bedenke: Dein Partner kann das Video nur einmal anhören.

VISUELLER LERNTYP

Genau wie bei Instagram kannst du auch bei Snapchat zwischen unterschiedlichen Schriftarten, Größen und Farben des Textes unterscheiden. Bringe Abwechslung in die Überprüfung und wechsle deinen Text optisch immer wieder ab. Auch bei Snapchat kannst du Gebrauch von GIFs machen. Beim visuellen Lerntyp ist es wichtig, deine Frage zu verschriftlichen.

MOTORISCHER LERNTYP

Zugegeben: Eine Frage auf bewegte Art und Weise zu stellen, scheint auf den ersten Blick womöglich etwas schwierig. Hier empfehle ich dir, dich beim Stellen der Frage zu filmen und zu bewegen. Gehe im Raum auf und ab. Wechsle Räume und filme dich, während du die Frage stellst.

KOMMUNIKATIVER LERNTYP

Hier stellst du keine Frage per se, sondern startest vielmehr eine Diskussion. Achtet bei dieser Diskussion immer darauf, dass sie sehr inhaltsreich und durchzogen mit Fakten ist. Bleibt immer beim Thema und kontrolliert wechselseitig, wie viel euer Gegenüber darüber weiß.

HILFE UND PLANUNG

Genau wie bei Instagram gibt es auch bei Snapchat die eine oder andere Falle. Besonders hier ist das Risiko der Ablenkung groß, da ihr zusammen lernt. Daher ist es umso wichtiger, Frage-Sessions gut zu planen! Deshalb habe ich für euch eine Art »Frage-Antwort-Plan« erstellt. Dieser soll euch eure gegenseitige Überprüfung erleichtern und ein gewisses Tempo der Fragen und Antworten garantieren! Bitte wieder kopieren!

Lorenz

Als wir damals vor ein paar Monaten gemeinsam lernten hätte ich gar nicht erahnen können wie sich meine schulischen Noten verbessern werden. Im Endeffekt hast du sogar mein Leben verbessert weil ich jetzt weniger Stress habe da ich schneller lernen kann als früher. Vielen vielen lieben und herzlichen Dank dafür 😄

FRAGENKATALOG

Erste Frage:

....

....

Korrekte Antwort inklusive Buchseite zum Nachlesen:

....

....

....

Zweite Frage:

....

....

Korrekte Antwort inklusive Buchseite zum Nachlesen:

....

....

....

Dritte Frage:

....

....

Korrekte Antwort inklusive Buchseite zum Nachlesen:

....

....

....

Vierte Frage:

....

....

Korrekte Antwort inklusive Buchseite zum Nachlesen:

....

....

....

Und noch ein brauchbares Tool für dich, der:

VERGESSENS-KATALOG

In diesen Katalog trägst du die Fehler deines Lernpartners ein. Das machst du, damit dein Lernpartner wirklich alles aus eurer Abfragerei herausholen kann. Denn erst durch Fehler kann man lernen.

Voraussetzung dafür, dass du aus deinen Fehlern lernen kannst, ist natürlich, sie erstmal zu erkennen. Bitte beachte: Du tust deinem Partner keinen Gefallen, indem du ein paar Fehler vertuschst.

Ganz im Gegenteil, du schädigst deinen Lernpartner dadurch nur. Also: Besser zu ehrlich als zu schonend!

Schreibe auf folgende Zeilen, welche Fehler dir aufgefallen sind:

....

....

....

....

....

....

Stay positive!

Weil du deinen Lernpartner ja nicht nur mit Fehlern überhäufen und demoralisieren möchtest, musst du ihm auch seinen Fortschritt bewusst machen. Schreibe also stichwortartig auf, was dir besonders positiv an seinen Antworten aufgefallen ist:

....

....

....

....

....

....

WHATSAPP ☹

Das dritte soziale Medium, das ich dir hier vorstelle.

Whatsapp wird nachgesagt, es hätte die üblichen SMS fast vollständig abgelöst. Tatsächlich hat Whatsapp die Grenzen der Telekommunikation ebenso gesprengt, wie es die Möglichkeiten neuer Lernmethoden bereichert.

Ganz besonders hilfreich ist beim Lernen mit Whatsapp die neu eingeführte Funktion der Gruppen-Calls.

Das ist das perfekte Tool für alle von euch, die gerne in Lerngruppen lernen wollen. Sozusagen *old school, face to face*, aber mit den Mitteln der modernen Technologie.

VORTEILE DER GRUPPEN-CALLS

Du kannst mit dreien deiner Lerngruppenmitglieder über dein Handy videotelefonieren. In Summe seid ihr maximal zu viert.

Im Gegensatz zu Instagram und Snapchat siehst du deine Lernpartner in Echtzeit. Dadurch habt ihr eine Eigendynamik, die sonst nur durch persönliche Treffen gewährleistet ist. Und das Ganze ohne einen Fuß in die reale Welt zu setzen. Ihr erspart euch also große Zeitverluste für Hin- und Rückfahrten zu euren Lernlocations, wenn ihr eure Treffen via Whatsapp abhaltet.

Aber Achtung! Bei der direkten Kommunikation über Gruppen-Calls besteht akute Ablenkungsgefahr.

Am Anfang sprecht ihr noch über das Fach und zehn Minuten später über den neuesten Beziehungsskandal an eurer Schule. Was hilft gegen diese schnell eintretenden Ablenkungen?

Macht euch vor eurem Call in der Gruppe aus, über welches Stoffgebiet diesmal gesprochen wird.

Und ebenfalls ganz wichtig: Macht euch eine fixe Startuhrzeit, aber auch eine Enduhrzeit aus.

Warum ist eine Uhrzeit, zu der ihr euren Gruppen-Call beendet, so wichtig?

Das hat einen einfachen Grund, der mit der menschlichen Psyche zusammenhängt: Wenn du mit deinen Freunden in einem Gruppen-Call lernen möchtest, ihr aber keine Deadline für euer Gespräch habt, schweift ihr wesentlich schneller ab. Denn im Hinterkopf weiß jeder: Wir haben ja noch den ganzen Abend Zeit.

Wenn ihr aber alle wisst, dass ihr nur begrenzt Zeit habt, fällt es mit dieser Argumentation schon schwerer, über andere unwichtige Themen zu sprechen. Also niemals vergessen:

- Inhalt des Gesprächs vorher festlegen.
- Fixen Startzeitpunkt festlegen.
- Fixen Endzeitpunkt festlegen.

So verhindert ihr, allzu leicht vom Weg des Lernens abzuweichen!

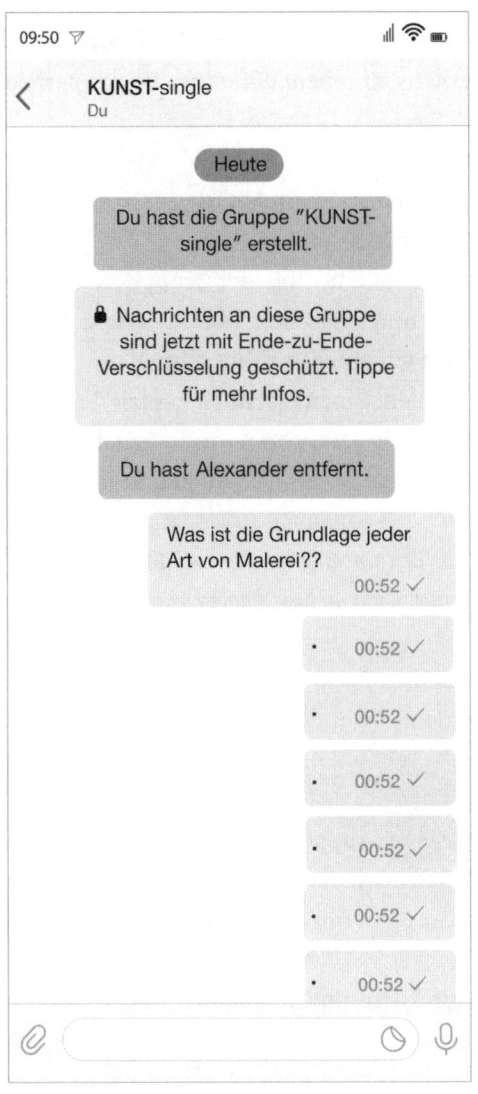

Generell rate ich dir, Whatsapp als administrative Basis deines Lernens zu sehen. Whatsapp ist das perfekte Tool, um ...

- 👍 alles mit deinen Freunden in der Gruppe zu besprechen,
- 👍 dir selbst – allein – in einer Gruppe Nachrichten zu schicken und somit den Stoff zu lernen und
- 👍 den Stoff vor einer Prüfung schnell und effizient zu wiederholen. Einfach schnell in eine deiner erstellten Whatsapp-Gruppen reinschauen, kurz durchscrollen – und schon hast du den Stoff wiederholt.

Wenn du das dann noch mit einem schönen Lernprofil auf Instagram vereinst, wirst du unschlagbar sein.

Hier ein kleines Beispiel, wie du den Stoff anhand von Fragen in deiner ganz privaten Whatsapp-Gruppe lernen kannst:

1. Erstelle eine Gruppe mit einer Person, die du anschließend gleich wieder entfernst. Leider kann man noch keine Gruppen mit nur einem Mitglied erstellen.

2. Stell dir kurze und prägnante Fragen, die du durch Punkte optisch von der Antwort trennst. Dadurch verrätst du dir die Antwort nicht schon, bevor du sie gewusst hättest.

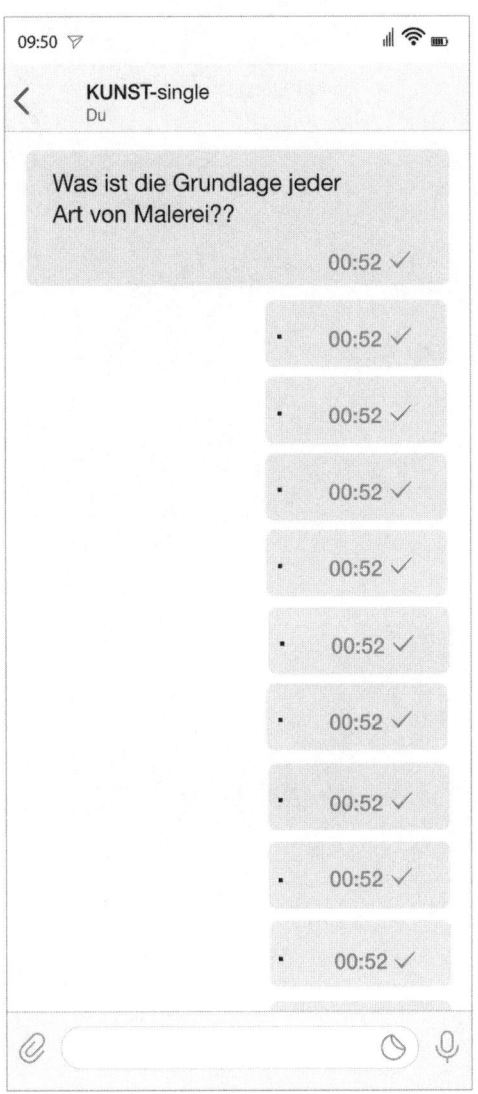

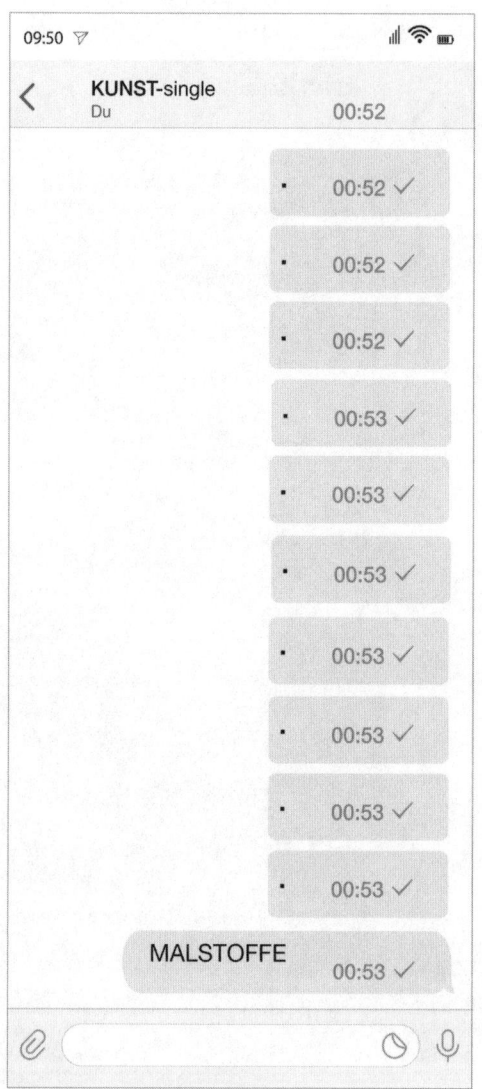

KUNST-single
Du   00:52

· 00:52 ✓

· 00:52 ✓

· 00:52 ✓

· 00:53 ✓

· 00:53 ✓

· 00:53 ✓

· 00:53 ✓

· 00:53 ✓

· 00:53 ✓

· 00:53 ✓

MALSTOFFE
                00:53 ✓

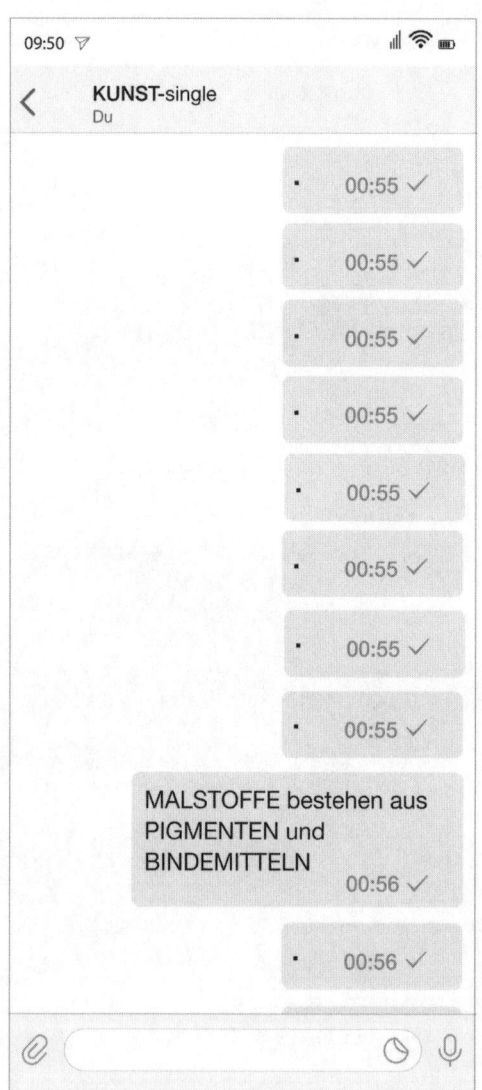

HILFE UND PLANUNG

Gute Planung ist für deinen Lernerfolg überlebenswichtig. Das gilt natürlich genauso für Lernen auf Social Media – und vor allem auch bei Whatsapp.

Vergiss nicht: Whatsapp ist deine administrative Basis. Hier besprichst du dich auch mit deinen Freunden. Darum habe ich für dich Pläne erstellt, die dir die Planung erleichtern sollen.

Wenn du in einer Gruppe lernst, dann gilt natürlich auch für Whatsapp:

*Eine faire und vernünftige Stoffaufteilung ist wichtig
für den Lernerfolg von euch allen!*

Teilt euch den Stoff gerecht auf. Das heißt: Es geht dabei nicht unbedingt nur um die Länge des Stoffes. Es geht oft auch um die Komplexität.

Manchmal ist es derart schwierig, eine einzige Seite zu vereinfachen, dass es sehr ungerecht wäre, den Stoff nur nach der Menge zu teilen. Achtet also immer auch auf die Schwierigkeit des Stoffes.

DIE STOFFAUFTEILUNG –
SO KANNST DU ES MACHEN

(Wieder kopieren!)

Stoffgebiet	Komplexität (leicht-schwer)	Name
....	– – – – – – – –	....
....	– – – – – – – –	....
....	– – – – – – – –	....
....	– – – – – – – –	....
....	– – – – – – – –	....
....	– – – – – – – –	....
....	– – – – – – – –	....
....	– – – – – – – –	....
....	– – – – – – – –	....
....	– – – – – – – –	....
....	– – – – – – – –	....

Wenn ihr wisst, wer für welchen Stoff zuständig ist, müsst ihr besprechen, bis zu welchem Datum der Stoff vereinfacht werden sollte.

Name	Stoffgebiet	Datum
....	....	....
....	....	....
....	....	....
....	....	....
....	....	....
....	....	....
....	....	....
....	....	....
....	....	....
....	....	....
....	....	....

Wenn ihr mit den beiden Plänen fertig seid, rate ich euch noch, Fotos von diesen in eure Whatsapp-Gruppe zu schicken, damit ihr sie auch digital gesichert habt!

Du kannst dir durch deine privaten Whatsapp-Gruppen auch den gesamten Stoff in kurze Nachrichten verpackt zusammenfassen. Aber ich sehe Whatsapp mehr als administrative Basis, in der du dich mit deinen Lernfreunden austauschen kannst und dich selbst abfragen kannst.

Achtung! Viele meiner Nachhilfeschüler fragen mich, warum sie denn nicht einfach in Instagram eine Gruppe erstellen können. Dort hätten sie ja dann auch den Stoff. Bitte tue das nicht! Um den bestmöglichen Effekt genießen zu können, solltest du deinem Gehirn etwas Gutes tun, nämlich:

Vermische nicht zu viele Informationen!

Je mehr du deinen Lernprozess aufteilst, desto leichter merkst du dir die Inhalte. Halte stets die hier beschriebene Aufteilung ein und lerne dadurch schneller.

Also, nochmals zur Erinnerung:

Instagram: Aufteilung, Vereinfachung und Strukturierung des Stoffes.
Snapchat: Stofffestigung, Abfragen, Erhöhung deiner Lerngeschwindigkeit.
Whatsapp: Gruppen-Calls, menschliches Interagieren, gegenseitiges Helfen.

WEITERE NÜTZLICHE
APPS UND NETZWERKE

Bei manchen meiner Nachhilfeschüler kam es vor, dass sie mit einer der drei vorgestellten Apps entweder nicht klarkamen oder sie gar nicht hatten. Auch so etwas gibt es natürlich.

Deshalb stelle ich hier auch noch gleich andere Apps und Netzwerke vor, mit denen auch ich immer sehr gut lerne. Ich habe kein Interesse daran, irgendwelche teuren Apps zu bewerben. Viele Schüler können sich das auch gar nicht leisten. Also stelle ich euch ausnahmslos Apps vor, die weder beim Download noch bei der Verwendung selbst etwas kosten.

VOKABELBOX

Wie der Name dieser App schon sagt: Es geht um das Vokabellernen. Wenn du weder auf traditionelle Art und Weise mit Karteikarten noch auf Instagram Vokabel lernen möchtest, dann bietet diese App Aushilfe! Die Bedienung ist kinderleicht, eigentlich selbsterklärend, und du hast all deine Vokabeln an einem Ort: Deinem Handy!

QUIZLET

Ein weiteres, sehr effektives Tool. Vor allem, wenn du eine Sprache lernen willst. Besonders gut ist hier die Karteikartenfunktion. Das stellt eine weitere Alternative zum alten Karteikartenlernen dar, von dem du gleich hören wirst. Hier musst du einfach ausprobieren, welche App dir mehr gefällt. Oder ob du doch old-school-mäßig vorgehen willst.

YOUTUBE

Natürlich – die weltbekannte, riesige Streaming-App darf hier nicht fehlen. Mit Youtube wurde uns eine gigantische Plattform gegeben. Sie ist gefüllt mit jeder Menge cooler Erklärungsvideos.

Aber Achtung: Die Gefahr, dass du durch zu viel Information regelrecht überflutet wirst, ist enorm. Also empfehle ich dir noch ein paar meiner absoluten Lieblingskanäle, um zu lernen:

TheSimpleClub
MrWissen2Go
Merkhilfe
Musstewissen
Mathe by Daniel Jung
Explainity

Und noch ein Tipp: Sprachmemos

Fast jedes Handy hat diese Sprachmemo-Funktion. Klar ist jetzt natürlich auch, dass vor allem die auditiven Lerntypen unter euch diese Funktion zu ihrem besten Freund machen sollten.

Gerade mit Sprachmemos kannst du extrem viel lernen. Vokabel zum Beispiel eignen sich ganz wunderbar. Einfach das fremdsprachliche Wort samt Übersetzung draufsagen.

Achte aber darauf, dass zu zwischen dem fremdsprachlichen Wort und der Übersetzung einen zeitlichen Abstand von ungefähr drei bis fünf Sekunden einhältst. So lässt du dir selbst genügend Zeit, dein Gehirn nach der richtigen Antwort zu durchsuchen.

Trotzdem rate ich dir noch das:

Hast du die richtige Übersetzung, dann schreib das fremdsprachliche Wort zusätzlich auf ein Blatt Papier. Aussprache ist natürlich wichtig, die richtige Schreibweise aber ebenso! Vor allem, weil viele Überprüfungen deines Wissens schriftlich erfolgen.

Für den Fall, dass du eines der wenigen Handys ohne Sprachmemo-Funktion besitzen solltest: Du kannst immer noch auf die Audiofunktionen auf Whatsapp in deinen privaten Lerngruppen zurückgreifen!

Und jetzt geht es direkt zu den »alten« Lerntechniken – und wie du sie perfekt mit Social Media verbinden und zu einem neuen, sensationellen Lern-Tool umgestalten kannst.

DIE LERNSTRATEGIEN DER PROFIS

Du weißt nun, welche Art zu lernen dich besonders anspricht. Du weißt nun auch, wie du Social Media perfekt fürs Lernen verwenden kannst.

Was deinen Lernerfolg zusätzlich erhöht?

Es sind die »alten«, teils seit Jahrhunderten bestehenden Lern-Tricks – und vor allem das Wissen, wie du sie mit Instagram, Snapchat und Whatsapp kombinieren kannst.

Hier die wichtigsten und effizientesten im Überblick.

MIND-MAPPING

Dazu am Anfang ein Zitat:

»Es erging mir wie vielen Studenten: Die wissenschaftliche Arbeit nahm immer stärker zu und mein Gehirn drohte unter der Last des Studiums, das so viel Denken, Kreativität, Erinnern, Problemlösen, Analysieren und Schreiben erforderte, schier zusammenzubrechen. Ich hatte bereits nicht nur weniger Erfolge, sondern auch zunehmend Misserfolge erfahren.«

Das sagt Tony Buzan – der Erfinder der Mind-Map.

Was musst du bei einer Mind-Map beachten?

1. Stelle dein Hauptthema immer ins Zentrum.
2. Die Glieder des Hauptthemas stehen wie Äste eines Baumes vom Stamm weg.
3. Untergeordnete Themen sind wie Zweige, die von Ästen wegstehen.

Eine Mind-Map sollte also aussehen wie ein schöner Baum. Wichtig ist auch noch: Erstellst du eine Mind-Map, so lege immer ausreichend Farbstifte bereit. Eine Mind-Map entfaltet sich erst so richtig durch die Gestaltung. Sei so kreativ, wie es nur geht. Füge Zeichen und Symbole ein, klebe Bilder darauf. Je ausgefallener sie aussieht, desto besser ist der Effekt.

Versuche, jede Information so gut wie möglich zu visualisieren. Was ich dir am Anfang zum Thema Visualisieren deines großen Ziels, ein Lernsieger zu werden, gesagt habe, machst du nun für einzelne Themen deines Lernstoffs. Kreiere Bilder, so bunt und ausgefallen wie möglich. Es geht nicht darum, dass diese Bilder besonders schön sind. Einprägsam müssen sie sein.

Denn dein Gehirn liebt es, sich besonders auffällige Bilder einzuprägen. Je absurder, je abstrakter, je lustiger, desto besser.

Wichtige Wörter auf deiner Mind-Map hebst du am besten mit schwarzem Filzstift besonders hervor. So siehst du auf den ersten Blick, worum es geht.

Mach aus deiner Mind-Map ein richtiges Kunstwerk!

Und dann – ist sie einmal fertig – sieh dir deine Mind-Map genau an. Nimm dir dafür dreißig Minuten Zeit. Dabei schließt du zwischendurch immer wieder die Augen und versuchst, dir das Bild deiner Mind-Map im Gedächtnis abzurufen, sie dir in allen Details vorzustellen. Decke sie teilweise ab. Gehe von Ast zu Ast und frag dich dabei ab.

MIND-MAPPING UND SOCIAL MEDIA

Diesmal kannst du die technischen Vorteile von Instagram nutzen, um deine mit der Hand angefertigten Mind-Maps zu digitalisieren und immer bei dir zu haben.

Das geht so: Ich empfehle dir Grids – eine App, die es ermöglicht, dass du aus dem Foto deiner Mindmap perfekt aufgeteilte einzelne Bilder uploadest, die bei der Betrachtung deines gesamten Profils ein großes Bild ergeben.

Grids ist für Apple-Geräte ganz normal als App verfügbar, für Android leider nicht. Aber es gibt gute Alternativen im Playstore – zum Beispiel Gitter.

Und jetzt machst du einmal:

PAUSE!

DIE GESCHICHTEN-TECHNIK

Vielleicht hast du schon mal davon gehört: Diese Strategie beruht auf der wissenschaftlichen Erkenntnis, dass das Gehirn in Bildern arbeitet, die es gerne miteinander verknüpft. Du kannst dir also eine Art Comic basteln, um dir Begriffe zu merken.

Hier ein Beispiel: Die Aufgabe besteht darin, dass du dir zehn Wörter merkst. In der richtigen Reihenfolge außerdem. Diese Wörter lauten:

Baum
Wiese
Vogel
Liebe
Namen
Stein
Hochzeit
Schwiegervater
Zorn
Dunkelheit

Auf den ersten Blick haben sie nichts miteinander zu tun. Also bastelst du eine Geschichte daraus, die sie verbindet. Diese Geschichte könnte so lauten:

»Ich habe gestern einen wunderschönen **Baum** auf einer saftig grünen **Wiese** gesehen. Auf diesem Baum saß ein kleiner **Vogel**. Er war unglaublich **lieb**. Moment, was war gleich sein **Name**? Ach ja, dieser Vogel hieß Prince Harry. Er hielt einen kleinen **Stein** in seinen Händen. Er wollte nämlich seine Freundin Meghan Markle heiraten. Sie stimmte zu und es gab eine große **Hochzeit**! Jedoch gab es ein kleines Problem. Harrys **Schwiegervater** hatte einen großen **Zorn** wegen der Hochzeit. Er kam deshalb nicht zur Hochzeit, sondern bevorzugte es, in der **Dunkelheit** zu sitzen.«

Aber, Achtung! Diese Technik hat auch ihre Tücken. Vergisst du ein Wort, zum Beispiel gleich das erste, so kann es passieren, dass du dich an den Rest auch nicht mehr erinnern kannst.

Mein Tipp: Verankere das erste Wort, »Baum«, mit einem Gegenstand, den du bei deiner nächsten Prüfung, für die du lernst, auf jeden Fall bei dir haben wirst und auch haben darfst. Am besten verbindest du deine Wörter mit Geschichten, die auch einen Bezug zu deiner Realität haben. Mit Ereignissen also, die sich wirklich abgespielt haben.

So lernst du eine große Stoffmenge in extrem kurzer Zeit.

VARIANTE FÜR SOCIAL MEDIA

Für die Geschichten-Technik sind Social Media wie geschaffen! Aber welche Plattform, fragst du dich natürlich, ist dafür am besten geeignet?

Aus meiner Erfahrung kann ich dir sagen: Instagram.

Auf Instagram kannst du dir – je nach Lerntyp – auf unterschiedliche Art und Weise Geschichten basteln. Solltest du dich also fürs Lernen mit Geschichten entscheiden, musst du einen eigenen Account für deine Geschichten erstellen. Wie das geht, habe ich dir weiter oben bereits gezeigt.

Hier noch eine Aufschlüsselung für alle vier Lerntypen:

AUDITIVER LERNTYP

In diesem Fall solltest du dir eine Geschichte ausdenken und auf Videoclips sprechen. Achte dabei darauf, dass jede Sequenz deiner Geschichte maximal sechzig Sekunden lang sein darf – denn Instagram erlaubt keine längeren Videos. Das macht aber gar nichts, ist sogar gut für dich: Kurze Videos zwingen dich, deine Geschichte auch kurz und prägnant zu erzählen. Je kürzer, desto besser!

KOMMUNIKATIVER LERNTYP

Hier fängst du wie beim auditiven Typ an – du erzählst deine Story in einem Video. Der entscheidende Unterschied: Anschließend diskutierst du über deine Geschichte – und diese Diskussion verpackst du wieder in Videos. Am besten ist es, wenn du alle sechzig Sekunden abwechselst. Also sechzig Sekunden Geschichte, dann sechzig Sekunden Diskussion zu dieser Geschichte, dann wieder sechzig Sekunden mit der nächsten Geschichte. Dann wieder Diskussion dazu. Und so weiter. Auf diese Art werden deine kommunikativen Skills gefordert und es fällt dir leichter, dir deine Geschichte zu merken.

MOTORISCHER LERNTYP

Wenn das auf dich zutrifft, solltest du am besten Videos von Gegenständen aufnehmen, die deine Geschichte beschreiben. Wenn du unser Beispiel hernimmst, könnte das ein Video von einem Baum sein, einer saftig grünen Wiese, einem Vogel und so weiter. Sollte es dir schwerfallen, reale Gegenstände in deiner Umgebung zu finden, geh auf Youtube oder sonst wo ins Internet und filme sie von dort ab.

VISUELLER LERNTYP

Wenn du diesem Typ entsprichst, dann erzähl deine Geschichte anhand von Bildern. Beachte dabei, dass du pro Beitrag nur ein Wort als Bild beschreibst. Mehr würde dein Gehirn nur unnötig belasten.

Und noch besser ist es, wenn du deine Geschichten mit großen Emotionen in Verbindung bringen kannst. Du kombinierst sie also mit der folgenden Strategie.

DAS EMOTIONALE LERNEN

Wir lachen. Wir weinen. Wir sind glücklich. Wir sind traurig. In den meisten Fällen lenken uns genau diese Stimmungsschwankungen vom richtigen Lernen ab. Meine Frage an dich:

Warum sollen wir diese Stimmungen nicht für unser Gedächtnis nutzen?

Experten unterscheiden diese beiden Arten von Gedächtnis:

- 👍 Semantisches Gedächtnis
- 👍 Emotionales Gedächtnis

Das semantische Gedächtnis speichert in der Regel Zahlen, Fakten und andere Inhalte, also generell das, was wir Wissen nennen.

Der Trick ist, das Wissen des semantischen Gedächtnisses ins emotionale Gedächtnis rüberzubringen. Wenn es dort einmal gespeichert ist, wird es dir sehr schwerfallen, deinen Lernstoff wieder zu vergessen.

Wie das geht?

Ganz einfach: Verknüpfe überall, wo es nur geht, neuen Stoff mit Erfahrungen, die du bereits gemacht hast. Mit den Gefühlen, die du dabei empfunden hast. Wer vergisst zum Beispiel schon ...

👍 den ersten Kuss?

👍 den Verlust einer geliebten Person?

👍 einen Autounfall, den du selbst miterlebt oder beobachtet hast?

Es spielt keine Rolle, ob diese Erfahrungen
negativ oder positiv waren! Wichtig ist:
Je stärker die Emotion, desto besser.

Was du jetzt schon an Techniken weißt, kannst du perfekt auch mit weiteren kombinieren, zum Beispiel:

VERSCHIEDENE ORTE ALS LERNSTRATEGIE (LOCI-TECHNIK)

Lange Zeit dachte man, gestützt auf viele Studien, es sei sinnvoll, immer am selben Ort zu lernen.

Warum?

Weil dein Gehirn diesen Ort dann als Lernort abspeichert. Ein etwas extremes Beispiel wäre: Was du bei deiner ersten Reise per Flugzeug gelernt hast, wirst du immer mit dem Flugzeug verbinden können. Aber wer kann schon ständig herumfliegen, wenn er lernen muss?

Außerdem wurde diese Lehrmeinung des gleichen Lernortes widerlegt. Forscher der Universität Michigan in den USA haben einen besseren Ratschlag:

Lerne an verschiedenen Orten.
Schaffe dir deine perfekten Lernorte.

Lernst du nämlich immer am selben Ort, verbindet dein Gehirn diesen Ort mit dem Lernstoff. Das nennt sich kontextabhängiges Erinnern.

Im Fall einer Prüfung wäre es also das Beste, direkt am Ort der Prüfung zu lernen. Doch das wird sich kaum umsetzen lassen.

Was sollst du also tun?

Gehe in der Umgebung, in der deine Prüfung stattfinden wird, regelmäßig spazieren. Verbringe möglichst viel Zeit in der Nähe dieses Ortes. Lerne auch in der Umgebung, aber nicht immer am selben Ort. Variiere die Plätze in der Nähe des Prüfungsraumes. So wird dein Lernen dynamischer und interessanter.

Außerdem sollte deine Lernumgebung auch zu dir passen. Checke diese fünf Fragen, dann kannst du je nach Situation wählen:

1. *Online oder offline:* Wenn du weißt, dass du nicht ins Netz musst, dann schotte dich richtig ab. Suche einen Ort, an dem es ruhig ist, wo dich nichts ablenkt und du dich zugleich wohlfühlst.
2. *Neutral oder peinlich:* Bist du jemand, der beim Lernen ständig auf und ab geht, der laut summt, klopft oder mit sich spricht? Passe deinen Lernort auch daran an. Je nachdem, ob du Angst haben musst, eine peinliche Figur nach außen abzugeben oder nicht.
3. *Allein oder mit anderen:* In der Gruppe braucht ihr natürlich ausreichend Platz und solltet niemanden stören.

4. *Kurz oder lange:* Eine echte Lernsession über Stunden ist den größeren Aufwand, einen perfekten Ort zu erreichen, wert. Um zwanzig Minuten in einem Buch lesen, wirst du etwas in deinem direkten Umfeld wählen.

5. *Viel oder wenig Ausrüstung:* Wenn du, von deinem Laptop über Bücher und Ordner bis hin zu verschiedensten Stiften, jede Menge Unterlagen und Hilfsmittel brauchst, wirst du kaum weit ausrücken. Wenn es ein handlicher Stapel Karteikarten (zu denen kommen wir gleich) auch tut oder ein paar Zusammenfassungen deines Lernstoffs, sieht die Sache anders aus.

VARIANTE FÜR SOCIAL MEDIA

Auch für diese Strategie sind Social Media perfekt! Denn die herkömmliche und veraltete Loci-Technik, die ich dir gerade vorgestellt habe, hat einen großen Nachteil. Du hast nicht immer die Zeit, dir neue Wege zu überlegen und diese auch abzugehen.

Warum also nicht dich selbst beim Gehen von Wegen filmen und dabei kommentieren, an welchem Ort du dir gerade welches Wissen aneignest und in deinem Gehirn verankerst?

Auf diese Weise kannst du auch noch lange nach dem Spazierengehen deine Erinnerung durch deine Videos auffrischen!

Auch hier empfehle ich dir wieder Instagram – allerdings mit einer anderen Funktion als bei der Geschichten-Technik. Verwende deine Story-Funktion, um dein Wissen mit Orten zu verknüpfen.

Ein wichtiger Tipp: Benutze auf jeden Fall und ohne Ausnahme die Standort-Funktion und erstelle deine eigenen Highlights für jeden neuen Spaziergang. Kombinierst du diese beiden Vorteile – die Standort-Funktion und die Sortierung durch Highlights –, dann holst du bei der Loci-Technik das Maximum aus Instagram heraus.

DIE KENNWORT-STRATEGIE

Erinnere dich an die Geschichten-Technik. Ganz ähnlich machen wir es auch hier, indem du ebenfalls bildhaft bereits gelernte Inhalte verknüpfst.

Solche Inhalte (du kannst natürlich auch andere verwenden) sind zum Beispiel unser Alphabet. Das könnte dann so aussehen:

A - Ameise
B - Biene
C - Chamäleon
D - Dackel
E - Esel
F - Fisch
G - Gans
H - Hund
I - Igel
J - Jaguar

K - Krokodil
L - Löwe
M - Mader
N - Nilpferd
O - Orang-Utan
P - Pferd
Q - Qualle
R - Reh
S - Stier
T - Tiger
U - Uhu
V - Vogel
W - Wolf
X - Xylophon
Y - Yoga
Z - Zebra

Mit denselben Wörtern, die wir schon bei der Geschichten-Technik hatten, zeige ich dir jetzt, wie du sie mithilfe der Kennwortstrategie lernst.

Zur Erinnerung – wir hatten diese Wörter:

Baum, Wiese Vogel, Liebe, Namen, Stein, Hochzeit, Schwiegervater, Zorn, Dunkelheit.

Jetzt die Verknüpfung – über den jeweiligen Anfangsbuchstaben im Alphabet:

Biene, die gegen einen *Baum* fliegt.
Wolf, der auf einer *Wiese* ein Tier jagt.

Vogel, der einen anderen *Vogel* frisst.

Löwe, der seine große *Liebe* verloren hat.

Nilpferd, das unglücklicherweise seinen *Namen* vergessen hat.

Stier, der einen *Stein* auf seinem Kopf hat.

Hund, der *Hochzeiten* hasst, obwohl er dort gestreichelt wird.

Zebra, das vor *Zorn* nicht schlafen kann.

Dackel, der Angst vor der *Dunkelheit* hat.

Sollten dir Tiere nicht so liegen, überleg dir andere Wörter. Wichtig ist aber: Sie sollten thematisch irgendwie zusammenhängen. So kannst du sie dir leichter merken.

VARIANTE FÜR SOCIAL MEDIA

Auch bei der Kennwort-Strategie solltest du am besten Instagram verwenden.

Erstelle dir einen neuen Account mit deinen Kennwörtern! Du kannst sie dir ausdrucken oder auch selbst malen – in unserem Fall eben eine Biene, einen Wolf, einen Vogel und so weiter.

Wenn du das getan hast, klebst du deine Tiere auf A4-Zettel. Jetzt fotografierst du deine Tiere ab – beginnend von ganz hinten. In unserem Fall also würde das bedeuten: Du fängst mit dem Dackel an, dann das Zebra, dann den Hund und so weiter.

Danach uploadest du deine Bilder chronologisch sortiert – und zwar nach dem Erstellungsdatum der Bilder.

Also wieder mit dem Dackel beginnend, gefolgt vom Zebra und so weiter.

Wenn du damit fertig bist, hast du deine Kennwörter in richtiger Reihenfolge vor dir, beginnend mit der Biene. Nun gehst du zu deinem letzten Beitrag und kommentierst den ersten Teil deiner Geschichte.

In diesem Fall gehst du also zu dem Bild mit der Biene, weil das der letzte Beitrag ist (und zugleich der Anfang deiner Geschichte). Unter dem Bild kommentierst du: »Biene, die gegen einen Baum fliegt.«

Dann gehst du zum vorletzten Beitrag – dem zweiten Teil deiner Geschichte – und kommentierst: »Wolf, der auf einer Wiese ein Tier jagt.«

Und so weiter. Bis alle Kennwörter abgearbeitet und mit der Geschichte verbunden sind. Wenn du fertig bist, hast du deine Geschichte sehr schön sortiert auf deinem Handy.

Zur Überprüfung deines Wissens schaltest du die Ansicht deiner Beiträge auf große, einzelne Bilder. Kontrolliere dabei immer, ob du dir deine Geschichte richtig erzählst.

DAS KARTEIKARTENSYSTEM

Unter den alten Techniken ist das mein absoluter Favorit! Und auch auf Social Media lässt sie sich wunderbar anwenden – obwohl es da auch eine perfekte App gibt. Davon erzähle ich dir am Ende dieses Unterkapitels.

Das Karteikartensystem ist auf jeden Fall unglaublich effektiv und ist auch perfekt, um etwas gegen den Lauf der sogenannten Vergessenskurve zu machen. Was diese Kurve besagt, siehst du hier:

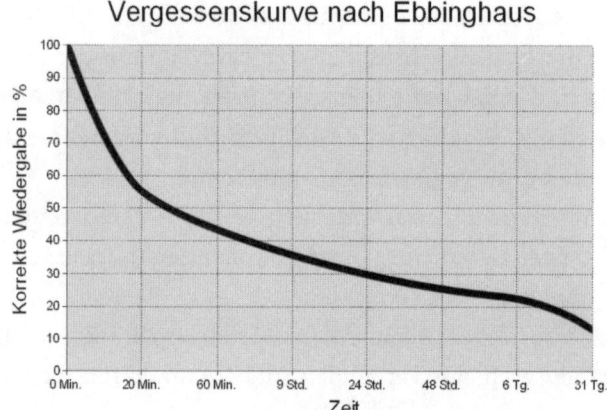

Sie geht auf Professor Ebbinghaus zurück und beschreibt ganz einfach, wie viel von neuem Wissen wir in wie kurzer Zeit wieder vergessen.

Nach nur zwanzig Minuten sind in der Regel nur noch sechzig Prozent des neuen Wissens abrufbar. Nach einer Stunde nur noch 45 Prozent, nach 24 Stunden nur noch 34 Prozent. Und nach einer knappen Woche sind nur noch 23 Prozent übrig. Dauerhaft gespeichert bleiben nur 15 Prozent – also ein Siebtel!

Genau dagegen ist das Karteikartensystem ein perfektes Tool.

Ein Irrtum ist da weitverbreitet: Das Karteikartensystem ist nicht nur perfekt, um Vokabel zu lernen. Es eignet sich genauso für andere Fächer. Für Grammatik oder für Formeln zum Beispiel.

Ich habe dir am Anfang des Buches geraten, über Stellen, die du nicht sofort verstehst, drüberzulesen und sie orange zu markieren. Vielleicht hast du dich darüber gewundert.

Das soll deine Effizienz beim Erfassen des Lernstoffs fördern. Lieber zehn Seiten lesen und vielleicht eine nicht verstehen, als bei dieser einen Seite ewig stehenbleiben, sodass du ganz aus deinem Lern-Rhythmus kommst. Markieren sollst du die unklaren Stellen einfach nur, um sie sofort wieder zu finden und nicht das ganze Buch nach den Inhalten, die dich verwirrt haben, durchstöbern zu müssen. Das ist alles.

Und im Karteikartensystem ist es dasselbe, wie du gleich sehen wirst.

Was brauchst du für dein Karteikartensystem?

1. Mehrere Blöcke an weißen A5-Karteikarten
2. Eine Kartenbox in der passenden Größe

Achtung: Lerne nach Möglichkeit immer mit Karteikarten der Größe A5. Forschungen haben ergeben, dass sie die perfekte Größe haben. Mit ihnen kann sich dein Gehirn Inhalte schnell merken. Und: Verwende am Anfang wirklich nur weiße Karten!

Die Box kannst du in jedem Fachgeschäft kaufen. Oder dir selbst eine basteln. Entscheidend ist, dass du bei der Box auf die Abstände zwischen den Trennkarten achtest.

Abstände der Trennkarten:

👍 Das erste Fach ist einen Zentimeter breit.

👍 Das zweite Fach ist zwei Zentimeter breit.

👍 Das dritte Fach ist vier Zentimeter breit.

👍 Das vierte Fach ist acht Zentimeter breit.

👍 Das fünfte Fach ist 16 Zentimeter breit.

Wenn du das hast, kannst du auch schon loslegen, deine Wissenskarten zu beschriften.

Beschriftung der Karten:

Lernst du zum Beispiel für Englisch, dann schreibst du auf die eine Seite den englischen Begriff und auf die andere die deutsche Übersetzung.

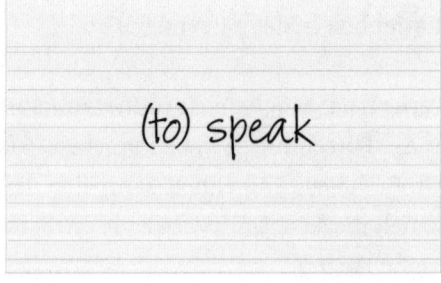

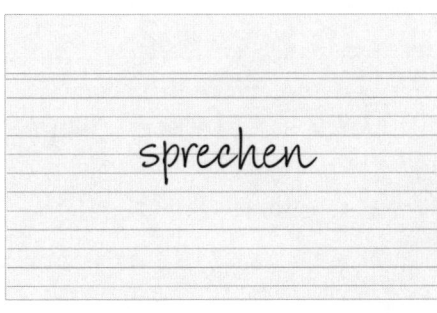

sprechen

Schreib niemals mehr als sieben Informationen auf eine Karteikarte!

Mehr in so kurzer Zeit zu verarbeiten, ist für dein Gehirn entweder sehr anstrengend oder oft schlichtweg unmöglich. Wie so Karteikarten aussehen, wenn sie anderes Wissen enthalten, siehst du hier. Denk zurück an unser Beispiel mit der Gründung der Europäischen Gemeinschaft für Kohle und Stahl:

Durch welchen Vertrag wurde die EGKS gegründet?

Wann wurde dieser Vertrag abgeschlossen?

Durch den „Pariser Vertrag"

Am 18.04.1951

So kannst du dir den gesamten Stoff – schön aufgeteilt –
auf einzelne Karteikarten schreiben. Je mehr du den Stoff
aufteilst, je mehr Karteikarten du also hast, desto besser!

Spare nicht an Karteikarten! Und wenn sie dir zu teuer
sind oder du einfach kein Geld dafür hast, dann mach dir
ganz einfach selber welche. Du kannst sie ja ebenso gut
ausdrucken und zurechtschneiden.

Hast du ein Stoffgebiet zur Gänze auf Karteikarten aufgeteilt, dann fängt das eigentliche System an:

Das System:

Vor dir liegt nun ein Stapel beschriebener Karteikarten.
Jetzt gehst du so vor:

- Nimm dir einen Stapel von zirka einem Zentimeter
  Dicke zur Hand. Lies die erste Frage vor. Zwischen
  Frage und Antwort dürfen nicht mehr als fünf Se-
  kunden liegen.

- 👍 Brauchst du länger als fünf Sekunden für die richtige Lösung, wertest du die Karte als »falsch« und legst sie als letzte in deinen großen Stapel – also ganz unten hin.
- 👍 Wenn sie »richtig« ist, kommt sie in das vorderste Fach deiner Lernbox, das einen Zentimeter breit ist. Dorthin kommen so lange richtig beantwortete Karten, bis das Fach voll ist.
- 👍 Jetzt kommt die erste Wiederholung. Du nimmst diesen kleinen Ein-Zentimeter-Stapel aus dem ersten Fach zur Hand und gehst die Fragen von vorne bis hinten durch.
- 👍 Was du wieder weißt, kommt nun in das zweite Fach deiner Lernbox, das zwei Zentimeter breite. Was du nicht weißt, kommt aber nicht wieder ganz unten in den großen Stapel mit allen anderen Karten, sondern zurück in das erste Fach.
- 👍 Bist du mit der Wiederholung fertig, nimmst du wieder einen zirka einen Zentimeter breiten Stapel neuer Karteikarten. Die lernst beziehungsweise wiederholst du nun wieder, bis das erste Fach voll ist.
- 👍 Sobald im zweiten Fach kein Platz mehr ist, wiederholst du die Karten in diesem Fach und legst die richtig beantworteten ins dritte Fach, das vier Zentimeter breite.
- 👍 Falsch beantwortete Karten – auch, wenn sie schon in Fächern weiter hinten liegen – kommen jedoch immer zurück ins erste Fach. Für sie beginnt der Kreislauf von vorne.

Noch einmal zur Erinnerung: Nie mehr als sieben Informationen pro Karte!

Lernst du für mehrere Fächer, machst du dir für jedes eine eigene Box. Und beschrifte sie. Ordnung ist beim Karteikartensystem oberstes Prinzip!

Arbeiten mit mehreren Farben:

Beherrschst du das System einmal, kannst du anfangen, mit mehreren Farben zu arbeiten. Das ist vor allem dann sehr nützlich, wenn du Karten hast, die du dir einfach nicht merken kannst.

Hier empfehle ich dir dieses Farbschema:

WEISS: Ein- bis dreimal nicht gewusst
GELB: Vier- bis fünfmal nicht gewusst
ORANGE: Öfter als fünfmal nicht gewusst

Ein Tipp: Grüne Lernkarten verwende ich gerne für Lernkarten mit Themen oder Informationen, von denen ich mir sicher bin, dass sie zur Prüfung oder Schularbeit kommen. Zum Beispiel, weil der Lehrer ganz besonders gerne davon spricht. Oder besonders lang. Oder besonders leidenschaftlich.

Vergiss auch beim Karteikartensystem nicht: KISS – keep it simple, stupid.

VARIANTE FÜR SOCIAL MEDIA

Natürlich kannst du das System auch auf Instagram anwenden. Einfach die Karteikarten abfotografieren und Frage und Antwort in einem Beitrag uploaden.

Das ist aber eher mühsam. Vor allem, weil es eine so tolle Alternative gibt: Quizlet Karteikarten.

Lade dir die kostenlose App herunter. Von dem digitalen Karteikartensystem kannst du wirklich profitieren!

Bevor ich auf diese App gestoßen bin, war das Karteikartensystem auf der einen Seite zwar super, andererseits aber hart für mich, weil ich immer so viele Karten verloren habe. Die jedoch, die ich nicht verschmissen hatte, konnte ich mir mit dem System hervorragend merken.

Umso mehr schwöre ich jetzt auf die digitale Variante Quizlet. Dabei bleibt das geniale Karteikartensystem im Prinzip erhalten – aber mit dem Riesenvorteil, dass du diese Karten nicht verlieren kannst. Perfekt für deinen Lernerfolg!

Du kennst nun die besten Techniken, um Fakten effizient zu vereinfachen und dir so leicht zu merken. Oder einzelne Wörter und Vokabel.

Doch wie sieht es mit Zahlen aus?

DIE ZAHLENTECHNIK

Auch hier kannst du die Kennwort-Strategie, die ich dir bereits vorgestellt habe, wunderbar anwenden, bloß dass du anstelle des Alphabets Zahlen hernimmst und ihnen Bilder zuordnest. Du musst dir nur diese zehn Zahlen (0-9) einprägen und kannst damit wunderbare Zahlengeschichten schaffen.

Das sieht dann zum Beispiel so aus:

0 - Schneeball
1 - Kerze
2 - Gans
3 - Doppelkinn
4 - Kleeblatt
5 - Schwangere Frau
6 - Kirsche
7 - Sense
8 - Schneemann
9 - Katze

Sicher kannst du dich noch an das Beispiel mit den Anfängen der Europäischen Union und der Montanunion erinnern. Weißt du auch noch, wie das Jahr lautete, in dem der Pariser Vertrag abgeschlossen wurde?

1951.

Wusstest du es noch? Oder doch nicht?

Jetzt die entscheidende Frage: Wie merkst du dir nun diese für dich sonst bedeutungslose Jahreszahl mithilfe der Zahlentechnik?

Ganz einfach. Du denkst dir eine Geschichte dazu aus. Die könnte beispielsweise so lauten:

Eine **Kerze (1)** zündete eine **Katze (9)** an. Ihre Besitzerin, eine **schwangere Frau (5)**, war fassungslos, als sie ihre kleine Mimi brennen sah. Leider zündete die brennende Mimi eine weitere **Kerze (1)** an, die wiederum ihren Katzenbruder Michi entflammte.

Ja, du hast schon Recht. Diese Geschichte erscheint auf den ersten Blick etwas brutal. Aber sie ist auf jeden Fall sehr außergewöhnlich und einprägsam – und daher ideal für dein Gehirn, um sie gut abzuspeichern. Du wirst das Jahr des Pariser Vertrages mit dieser Story über zwei Kerzen, eine Katze und eine schwangere Frau bestimmt nicht vergessen.

Genauso gut kannst du natürlich deine Geschichte inhaltlich direkt mit dem Pariser Vertrag verknüpfen. Lass deiner Fantasie freien Lauf, ihr sind keine Grenzen gesetzt.

Ein anderes Beispiel:

Frage: Wie viele Menschen erkrankten im Vorjahr in Deutschland an Salmonellen?

52.000 Menschen.

Möglicher Merksatz: Eine **schwangere Frau (5)** erwürgt eine **Gans (2)**. Warum? Sie hat **drei Schneebälle (3x0)** auf die Frau geworfen.

Absurd, oder? Dafür umso einprägsamer.

Und jetzt probierst du es am besten selber!

Merke dir die folgende Zahl: 1879. Das ist das Jahr, in dem Albert Einstein auf die Welt kam.

Los geht's.

....

....

....

....

....

....

....

....

....

VARIANTE FÜR SOCIAL MEDIA

Das ist rasch erklärt. Bei der Zahlentechnik für Social Media machst du es genauso wie bei der Kennwort-Strategie. Du verwendest Instagram.

Der Unterschied ist bloß: Hier uploadest du andere Zahlenbilder. Was vorher eine Biene war, ist nun der Schneeball. Und so weiter.

Emilia

Ich muss mich echt bei dir bedanken. du weißt ja dass meine Mama gestorben ist und ich darum nicht mehr lernen konnte ohne zu flennen und an sie zu denken. War ja Lehrerin und es erinnerte mich halt alles an sie. Du hast mir die Angst vor Prüfungen genommen und mich aufgebaut. Ich stehe wirklich in deiner Schuld! 😊

TIPPS FÜR LERNSIEGER VON MORGEN

Du hast jetzt alles, was ein Lernsieger von morgen benötigt. Du weißt, wie du dich motivierst. Du weißt, wie wichtig jeder noch so kleine Erfolg ist. Du weißt, welcher Lerntyp du bist und wo deine Stärken liegen. Du kennst alle wichtigen Techniken des Lernens – und du hast vor allem gelernt, wie du dich in puncto Lernen heute schon fit für die Zukunft machst und dein liebstes Hobby, Social Media, perfekt dafür einsetzen kannst.

Was willst du mehr?

Na ja, da wäre noch etwas. Nämlich ein paar zusätzliche Tipps, die du dir unbedingt zu Herzen nehmen solltest. Wenn du das auch noch umsetzt, kann dich niemand auf deinem Weg zum Lernsieger stoppen.

Hier sind sie – die zusätzlichen, kleinen Strategien, die dich ganz nach oben bringen.

HÜTE DICH VOR DEINEN INNEREN LERNDÄMONEN!

Wir alle haben sie: innere Dämonen.

Manche lassen sich von ihnen beeinflussen, andere sind gegen sie immun. Wer ein echter Lernsieger sein will, darf keine Angst vor negativen Gefühlen haben. Also haben solche Sätze dann auch nichts in deinen Gedanken verloren:

👎 Andere lernen viel leichter als ich – warum sind die alle klüger als ich?
👎 Das ist unmöglich, das schaffe ich nie.
👎 Ich bin zu dumm.
👎 Ich war so oft krank.
👎 Meine Lehrer sind so unfair.

Innere Lerndämonen tun so, als wollten sie dich beschützen. Indem sie dich immer an den *worst case* erinnern. Damit du hinterher nicht enttäuscht bist, wenn es auch wirklich so kommt und du wieder mal eine miserable Prüfung ablegst.

Innere Lerndämonen besänftigen deinen Geist mit guten Argumenten, warum es völlig okay ist, wenn du versagst.

Sie betrachten den Misserfolg als das Selbstverständliche und den Erfolg als die Ausnahme.

Sie sagen: »Bevor du viel lernst und wieder nur eine schlechte Note schreibst, lern lieber wenig für dieselbe schlechte Note. Und verwende die gesparte Energie für etwas anderes.«

Auf den ersten Blick haben sie auch recht. Es ist ein vernichtendes Gefühl, viel Energie und Zeit aufzuwenden – und dann erst recht wieder zu versagen.

Aber: Aufgeben ist zwar eine Option, die leichter und bequemer aussieht. Aber nur eine sehr kurzfristige und kurzsichtige Option.

Denn, was sind die Folgen?

Natürlich. Du lernst nicht, du hast eine schöne Zeit. Und dann trifft es dich voll.

Die Prüfung kommt.
Du versagst.
Du musst die Prüfung wiederholen.
Wieder nicht geschafft.
Durchgefallen.

Nicht so schlimm, denkst du?

Anfangs vielleicht nicht. Die Veränderung kommt oft schleichend. Aber die etwas langfristiger gedachten Konsequenzen sind:

Du schaffst die Schule nicht.
Du kannst auf keine Uni.
Du zerstörst dir dein Leben.
Du wirst älter, deine Motivation, es doch noch zu schaffen, sinkt.
Deine Freunde sind dir längst davongezogen. Und so weiter.

Warum das alles?

Weil du deine inneren Dämonen nicht im Griff hast.

Wie du diese Dämonen erkennst?

Ganz einfach. Sobald negative Gefühle von dir Besitz ergreifen wollen, was lernen und Schule angeht, dann sind deine inneren Dämonen an der Arbeit.

Was du dagegen tun kannst?

Hier ein paar praktische Tipps:

- 👍 Du hörst mit dem, was du gerade tust, sofort auf.
- 👍 Stell dich aufrecht hin. Selbstsicher. Mit dem vollen Gewicht auf beiden Beinen.
- 👍 Stell dir deine negativen Gefühle als Person vor. Gib ihnen einen Körper. Wären sie ein Mensch, wie würden sie aussehen?
- 👍 Hast du ein Bild, dann stehst du nun direkt vor deinen negativen Gefühlen.
- 👍 Jetzt stellst du dir dein Traumleben vor. Male dir aus, was du immer schon haben wolltest.
- 👍 Jetzt überlege: So, wie es aussieht, werden deine negativen Gefühle genau dieses Traumleben verhindern. Sie werden dich und dein Leben zerstören.
- 👍 Was wirst du tun? Wirst du das einfach so zulassen?
- 👍 Jetzt nimm ein Blatt Papier zur Hand. Schreib auf, mit welchen Argumenten deine inneren Dämonen dich beeinflussen. Schreib auf, was sie dir ins Ohr sagen.
- 👍 Schreib auf, wie du dich dabei fühlst, wenn sie das sagen.

👍 Wenn du fertig bist, dann zerreiß den Zettel. In möglichst kleine Stücke. Hunderte Schnippel. Bis die Argumente deiner Dämonen als winzige Schnippel völlig zerfetzt vor dir liegen.

Willst du dir wirklich von einem Haufen zerrissener Papierschnippel sagen lassen, was du zu tun hast?

Na also!

Wiederhole das Zerreißen so lange, bis deine inneren Dämonen winzig klein geworden und irgendwann verschwunden sind. Und wenn sie wieder auftauchen – du weißt ja, was zu tun ist.

DIE RICHTIGE PLANUNG

Für deinen Lernsieg solltest du zwischen zwei Arten von Planung unterscheiden:

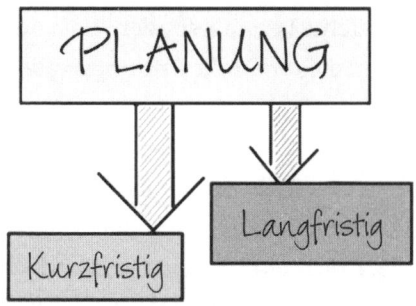

👍 Kurzfristige Planung (Wochenplan)

👍 Langfristige Planung

Kurzfristig heißt aber nicht: Das ist dann, wenn ich nicht mehr viel Zeit bis zur nächsten Prüfung habe. Nein, kurzfristig meint:

Das ist mein Lernplan für jeden einzelnen Tag.

Eine möglichst genaue Planung und Aufarbeitung des Stoffes also. Fangen wir jedoch hiermit an:

LANGFRISTIGE PLANUNG

Du hast deinen ausgedruckten oder aufgeschriebenen Lernstoff vor dir liegen. Neben dir die Sachbücher, aus denen du lernen wirst und die der Lehrer empfohlen hat. Wenn du noch in der Schule bist, wird dein Lehrbuch neben dir sein.

Was tust du als Erstes?

👍 Überprüfe, ob du den vollständigen Lernstoff besitzt.

👍 Überprüfe deine Lernmaterialien. Hast du alle Lernmaterialien, die du für die Prüfungsvorbereitung benötigst?

Als Nächstes rechnest du dir auf den Tag genau aus, wie viele Tage du noch zum Lernen nutzen kannst. Den Prüfungstag selbst rechnest du selbstverständlich nicht als Lerntag ein. Du lernst bis vor dem Prüfungstag.

Auch, wenn manche das behaupten: Einen Tag davor nichts mehr
zu lernen ist absoluter Schwachsinn.

Wie weißt du, wie viel Zeit du brauchst, um den Lernstoff
inklusive der Wiederholungen zu bewältigen?

Das siehst du hier. Fülle hierfür folgenden Fragebogen
aus.

Am .... findet die Prüfung statt.

Ich habe also .... Tage Zeit, um zu lernen.

Ich brauche .... Minuten und ....
Sekunden, um eine Buchseite an Lernstoff zu lesen.

Das Buch (die Bücher) hat (haben) insgesamt ....
Seiten.

Ich multipliziere also meine Lesezeit für eine Seite mit
der Anzahl meiner Buchseiten.

.... x .... = ... Minuten
Minuten/Seite   Buchseiten   Lesedauer insgesamt

Ich brauche also .... Minuten, nur um den
Stoff zu lesen. Diese Minutenanzahl dividiert durch
sechzig ergibt eine Stundenanzahl von ....
Stunden.

Ich mache nach dreißig Minuten lesen immer eine zehn-minütige Pause. Deshalb multipliziere ich die Stunden-anzahl für das Lesen mit der Zahl zwanzig.

Das heißt: pro Stunde lernen zwanzig Minuten Pause.

.... x .... = ... Minuten
Lesedauer in h   *20 min Pause*   *Lesedauer insgesamt*

Nun wandle ich das Ergebnis meiner Pausenzeit in Stun-den um. Dafür dividiere ich meine Pausenzeit durch sechzig.
Meine Pausenzeit in Minuten dividiert durch sechzig ergibt .... Stunden Pausenzeit.

Nun addiere ich zu der Lesedauer ohne Pause noch mein Ergebnis, wie viele Stunden Pause ich insgesamt mache.

.... + ... = ...
Lesedauer ohne   *Pausen in h*   *Lesezeit mit*
Pausen in h   *Pausen*

Gratuliere! Du benötigst demnach .... Stunden, um deinen Lernstoff zu lesen.

Wenn du nun dein letztes Ergebnis durch 24 dividierst, erhältst du die Anzahl an Tagen, die du benötigst, um den Lernstoff zu lesen.

Meine Anzahl an Tagen fürs Lesen mit Pausen beträgt
.... Tage.

Wenn dein Lernstoff nicht so umfangreich ist, wirst du vermutlich keine Tage brauchen, um ihn zu lesen. Hier reicht die Stundenanzahl.

MIT DEM KARTEIKARTENSYSTEM

Zuerst liest du dir deinen Stoff einfach nur vollständig durch und stoppst dabei die Zeit. Von vorne bis hinten. Dabei unterstreichst du die absolut wichtigsten Sätze.
   Nachdem du das getan hast stoppst du wieder die Zeit. Diesmal fasst du eine deiner Lernseiten zusammen und schreibst sie auf Karteikarten.

Für das Lesen und Herausschreiben benötigst du für eine Seite .... Minuten Zeit. Um herauszufinden, wie viel Zeit du für das Ausarbeiten des gesamten Stoffes benötigst, multiplizierst du deine Minutenanzahl für eine einzige Seite mit der Gesamtseitenanzahl.

.... x .... = ... Minuten

min/Seite   *Buchseiten insg.*

Ich brauche also .... Minuten, nur um den Stoff auf Karteikarten zu schreiben. Diese Minutenanzahl dividiert durch sechzig ergibt die Stundenanzahl von .... Stunden.

Ich mache nach dreißig Minuten lesen immer eine zehn-minütige Pause. Deshalb multipliziere ich die Stunden-anzahl für das Ausarbeiten mit der Zahl zwanzig. Das heißt wieder: pro Stunde lernen zwanzig Minuten Pause.

.... x .... = ... Minuten
Ausarbeitung   20 min Pause   Pause insg.
in h

Nun wandle ich das Ergebnis meiner Pausenzeit in Stun-den um. Dafür dividiere ich meine Pausenzeit durch sechzig. Meine Pausenzeit in Minuten dividiert durch sechzig ergibt .... Stunden Pausenzeit.

Ich addiere zu der Ausarbeitungsdauer ohne Pausen noch mein Ergebnis, wie viele Stunden Pause ich insgesamt mache.

.... + ... = ... Stunden
Ausarbeitung   Pausen in h   Ausarbeitung mit
ohne Pausen in h   Pausen

Gratuliere! Du benötigst also .... Stunden, um deinen Lernstoff auf Karteikarten zu schreiben.

Nun addierst du die Zeit für das erstmalige Lesen mit der Zeit für das Rausschreiben auf Karteikarten:

.... + ... = ... Stunden

Zeit fürs Lesen   *Zeit fürs*
in h   *Herausschreiben*

Um jetzt herauszufinden, wie viel Zeit du einplanen solltest, um deine Karteikarten vollständig zu lernen, kannst du dich an dieser Tabelle orientieren.

Karteikarten – Stunden fürs Lernen mit Wiederholungen

100	48 Stunden
200	96 Stunden
300	120 Stunden
500	168 Stunden
800	240 Stunden
1.000	288 Stunden
2.000	56 Stunden
3.000	624 Stunden
5.000	912 Stunden
10.000	1.680 Stunden
>10.0000	>1.680 Stunden

Diese Stunden musst du zu deiner gesamten Zeit fürs Lesen und das anschließende Herausschreiben addieren.

.... + ... = ...

Lesen und heraus-   *Karteikarten*
schreiben in h   *lernen in h*

Wenn du dein letztes Ergebnis nun durch 24 dividierst, erhält du .... Tage, die du benötigst, um den Lernstoff zu beherrschen, wenn du mit Karteikarten lernst.

MIT MIND-MAPPING

Wieder stoppst du die Zeit, in der du eine Seite deines Stoffes in eine Mind-Map verarbeitest.

Für das Erstellen einer Mind-Map von einer gelesenen Seite brauchst du .... Minuten. Um herauszufinden, wie viel Zeit du für das Mind-Mapping des gesamten Stoffes benötigst, multiplizierst du deine Minutenanzahl für eine einzige Seite mit der Gesamtseitenanzahl.

.... x .... = ... Minuten
min/Seite   *Buchseiten insg.*

Ich brauche also .... Minuten, nur um den Stoff in Mind-Maps zu verwandeln. Diese Minutenanzahl dividiert durch sechzig ergibt die Stundenanzahl von .... Stunden.

Ich mache nach dreißig Minuten lesen immer eine zehnminütige Pause. Deshalb multipliziere ich die Stundenanzahl für das Ausarbeiten mit zwanzig. Das heißt wieder: pro Stunde lernen zwanzig Minuten Pause.

.... x .... = ... Minuten
Ausarbeitung in h   *20 min Pause*   *Pause insg.*

Nun wandle ich das Ergebnis meiner Pausenzeit in Stunden um. Dafür dividiere ich meine Pausenzeit durch sechzig.

Meine Pausenzeit von .... Minuten dividiert durch sechzig ergibt .... Stunden Pausenzeit.

Ich addiere zu der Zeit für das Erstellen der Mind-Maps ohne Pausen noch das Ergebnis, wie viele Stunden Pause ich insgesamt mache.

.... + ... = ... Stunden
Ausarbeitung   *Pausen in h*   *Ausarbeitung mit*
ohne Pausen in h   *Pausen*

Gratuliere! Du benötigst also .... Stunden Zeit, um deinen Lernstoff in Mind-Maps umzuwandeln.

Um jetzt herauszufinden, wie viel Zeit du einplanen solltest, um deine Mindmaps vollständig zu lernen, kannst du dich an dieser Tabelle orientieren.

Mind-Maps:

Anzahl (A4-Format) / Stunden fürs Lernen mit Wiederholungen

1	1-3 Stunden
5	8-10 Stunden
10	15-20 Stunden

15	25 Stunden
20	33 Stunden
25	39 Stunden
30	45 Stunden
>30	>45 Stunden

Diese Stunden musst du zu deiner gesamten Zeit fürs Lesen und das anschließende Mind-Mapping addieren.

.... + ... = ... Stunden

Lesen und Mind- *Mind-Maps*
Mapping in h *lernen in h*

Wenn du dein letztes Ergebnis nun durch 24 dividierst, erhälst du .... Tage, die du benötigst, um den Lernstoff zu beherrschen, wenn du mit Mind-Maps lernst.

Du hast dir nun ausgerechnet, mit welcher Strategie du wie lange du brauchst, um zu lernen.

Du hast langfristig geplant!

Wenn es die Zeit erlaubt, solltest du eine Woche vor deiner Prüfung nichts Neues mehr lernen, sondern nur mehr wiederholen. Wenn das nicht geht und du bis zum letzten Tag vor der Prüfung noch lernen musst, ist es auch nicht schlimm, weil wir die Pausen und Wiederholungen in unseren Berechnungen berücksichtigt haben.

Und jetzt:

KURZFRISTIGE PLANUNG – DER WOCHENPLAN

Wie planst du nun, was du wann und wie lange lernst?
Hier empfehle ich dir, folgende Tabelle auszufüllen:

Uhrzeit	Montag	Dienstag	Mittwoch

Donnerstag	Freitag	Samstag	Sonntag

Du fragst dich jetzt sicherlich, warum du alles so genau planen musst.

Die richtige Einteilung deiner Zeit ist ein Schlüsselfaktor für deinen Lernerfolg.

Was bringt es dir, wenn du zwar weißt, welcher Lerntyp du bist, welche Lernstärken du hast, wenn du das Karteikartensystem (auch auf Social Media) und alles andere perfekt beherrschst, dann aber keine Zeit findest, um zu lernen?

Dann bist du wie ein Ferrari ohne Reifen. Nutzlos!

Teile dir also deine Zeit ganz genau ein. Schreibe in die Tabelle, welche Seiten du wann lernst. Du wirst sehen, es wird wahre Wunder bewirken.

Alles, was du tun musst, ist, einen Lernplan für eine Prüfung zu befolgen. Nach der Prüfung und deinem »Sehr Gut« kannst du machen, was du willst. Davor heißt es aber: diszipliniert arbeiten!

Befolge einfach deinen Plan und du wirst dein Leben lang nur mehr Einsen schreiben.

Was deine Lieblingszeiten zum Lernen sind, weißt du selbst am besten. Sie können zwischen 0.00-24.00 Uhr liegen. Hör einfach auf deine innere Stimme.

Du solltest an einem freien Tag

- 👍 zehn Stunden mit Pausen lernen und
- 👍 elf Stunden schlafen.

Wann genau du deine zehn Stunden lernst oder wie du sie dir aufteilst, ist egal. Manche Menschen können besser in der Stille der Nacht lernen, andere wiederum nur am Tag. Wenn du in der Nacht besser lernst, dann lern auch in der Nacht. Wenn du am Tag besser lernst, lern am Tag. Aber:

Nimm beim Lernen Rücksicht auf deinen biologischen Rhythmus.

Weiche niemals von deinem Plan ab. Dafür zählt das:

DER EISERNE WILLE

Die einfachste Grundregel, damit du als Ferrari zurück in die Spur findest, damit du mit Vollgas in Richtung Lernsieger braust, damit deine Träume wahrwerden, lautet ganz einfach:

Du hast es in der Hand. Du allein.

Nicht irgendwer sonst, der vielleicht versucht, dir deine Ziele kleinzureden oder zu vermiesen. Keine Lehrer. Keine Mitschüler. Diese Menschen gibt es natürlich immer auf deinem Weg, aber an ihnen darfst du dich nicht orientieren.

Nicht andere Leute sind schuld, wenn du nicht lernst. Nicht die Umstände, nicht das Wetter.

Nur du.

Dein ganzer Fokus richtet sich auf diese eine Prüfung, die vor dir liegt. Nichts und niemand wird dich aufhalten. Stell dich vor deine Motivationssätze, die du in deinem Zimmer aufgehängt hast, und betrachte sie in aller Ruhe.

Denk dir: »Ich werde härter arbeiten als der größte Streber auf der Welt.«

Du zweifelst an dir? Dann setz dich hin und schreibe fünfzig Mal:

Ich gebe nicht auf!
Ich mache immer weiter!
Ich finde für alles eine Lösung!

Und dann stell dich vor den Spiegel und schreie dich an – auch fünfzig Mal:

Ich werde Lernsieger!

Warum du niemals aufgeben und Lernsieger wirst? Das hältst du genau hier fest:

....

....

....

....

Doch bei aller Motivation, die bereits in dir steckt, bei aller Energie, die du spürst, darfst du eines auf deinem Weg zum Lernsieger nicht vergessen:

Immer wieder wirst du auf Schwierigkeiten stoßen. Immer wieder wirst du auch Lernblockaden erleben, und was tust du dann am besten?

DIE PERSPEKTIVE ÄNDERN

Betrachte schwierige Problemstellungen immer aus verschiedenen Blickwinkeln.

Das ist natürlich leicht gesagt, denn eine Perspektive zu ändern heißt meistens auch, dass man den Dingen und Sachverhalten eine andere Bedeutung gibt.

Diese Bedeutungsänderung kannst du in drei Schritten durchführen.

👍 *Erster Schritt:* Stell dir dein Problem in einem rechteckigen Raum vor. Achte darauf, aus welcher Perspektive du dieses Problem betrachtest, wohin deine Augen schauen, während du dir das Problem vorstellst. Achte auch auf dein Gefühl, wenn du an das Problem denkst.

👍 *Zweiter Schritt:* Stell dir wieder dasselbe Problem in deinem virtuellen Raum vor. Jedoch betrachtest du es diesmal aus einer anderen Ecke des Raumes. Du änderst deine Perspektive. Dabei achtest du bitte auf dein Körpergefühl. Was fühlst du, wenn du auf dein Problem aus der oberen rechten Ecke herabschaust. Was, wenn du es von unten betrachtest?

👍 *Dritter Schritt:* Jetzt stellst du dir den Klassenbesten vor. Versetze dich in ihn oder sie und überlege dir, aus welcher Perspektive der- oder diejenige dasselbe Problem betrachten würde. Würde er oder sie es als nette Herausforderung sehen und so lange daran arbeiten, bis sie gelöst ist? Würde er oder sie aufgeben?

Die drei Schritte gehst du so lange durch, bis sich deine inneren Emotionen zu der Problemstellung positiv verändert haben. So lange, bis du ganz anders dazu stehst.

> *Je länger du es machst, desto weniger*
> *siehst du es als Problem und mehr*
> *als lösbares Rätsel.*

Du bist auf einem wirklich guten Weg. Du bist voll motiviert, du änderst die Perspektiven, doch beachte bei aller Energie, die du an den Tag legst, beim Lernen auch das Folgende.

NICHT VERBEISSEN
PAUSEN ZUR RICHTIGEN ZEIT

Stell dir vor, du beißt in einen Stein. Was wäre die Folge?

Genau. Deine Zähne würden ordentliche Schäden davontragen.

Beim Lernen beißt du zwar nicht auf Steine, doch lernen kann auch viel Frust bringen. Deine Motivation droht zu schrumpfen oder überhaupt völlig zu verschwinden.

Denk jetzt daran wie es ist, in eine richtig saure Zitrone zu beißen. Das machst du vermutlich einmal. Vielleicht ein zweites oder drittes Mal. Aber beim vierten Mal hast du wahrscheinlich nicht mal mehr Lust, das Wort Zitrone zu hören.

Beim Lernen besteht die Gefahr natürlich auch. Wenn du büffelst wie ein Verrückter, wenn du die Perspektive wechselst, und trotzdem scheinen die Probleme nicht weniger zu werden. Eine Lösung ist nicht in Sicht. Die Motivation wird kleiner und kleiner. Du musst nur »Zitrone« denken, und schon zuckst du zusammen.

Jetzt ist nichts so wichtig wie:

Eine Pause! Mach dir die Macht
der richtigen Pausen bewusst!

Nur kein falscher Stolz, dass du so und so viele Stunden durchlernen kannst. Effizienz ist angesagt – und die erzielst du nur, wenn du deinem Gehirn auch regelmäßig die Chance gibst, sich zu erholen und neue Kräfte zu tanken. Auch ein Ferrari braucht Sprit.

Leere nicht endlos Wasser in ein Fass, das bereits voll ist. Versuche also, diese Faustregeln einzuhalten:

- 👍 Dreißig Minuten intensiv lernen.
- 👍 Zehn Minuten Pause (Mach etwas völlig anderes, das nichts mit deinem Stoff zu tun hat.)
- 👍 Wechsle Lernphasen und Pausen konsequent in diesem Rhythmus ab – so kannst du bis zu sechs Stunden lernen, ohne müde oder frustriert zu werden.
- 👍 Während du auftankst, also Pause machst, nimm keinesfalls dein Handy zur Hand. Auch kein anderes technisches Gerät, das deine volle Aufmerksamkeit auf sich zieht.

Entspann dich einfach,
so gut es geht!

Mach Atemübungen. Mach Bewegung. Mach Lockerungsübungen. Genieße deine Pause – und vergiss für diese zehn Minuten alles, was mit deinem Stoff zu tun hat.

DIE MACHT DER ROUTINE

Routine macht das Leben in vielen Bereichen einfacher. Beim Lernen ist es dasselbe. Ich rate dir, dein Lernen in zwei Bereiche aufzuteilen.

Erster Teil:

Das reine Überprüfen deines Wissens. Das kannst du ganz leicht in deinen Alltag einbauen. Du nimmst dir zum Beispiel immer einen Stapel deiner Karteikarten mit (oder wählst welche auf Social Media) und überprüfst dein Wissen, wo es nur möglich ist. Während du auf den Bus wartest. Auf dem Klo. Ganz egal. Lerne an den unüblichsten, skurrilsten Orten. Gerade so merkst du dir Dinge oft am besten.

Zweiter Teil:

Die Zufuhr von neuem Wissen. Das geht natürlich nicht so ohne Weiteres überall. Denn du solltest ja in ruhiger Umgebung lernen. In einer Umgebung, wo du dich wohlfühlst.

Während der Schulwoche empfehle ich dir, dein Lernen in den Alltag zum Beispiel so einzubauen:

Vor dem Frühstück   15 Minuten lesen

Nach dem Frühstück   5 Minuten lesen

Vor dem Mittagessen	20 Minuten herausschreiben
Nach dem Mittagessen	5 Minuten herausschreiben, 10 Minuten lesen
Vor dem Abendessen	15 Minuten lesen
Nach dem Abendessen	20 Minuten herausschreiben, 20 Minuten lesen
Vor dem Schlafengehen	10 Minuten Herausgeschriebenes lesen

Schon ein paar Minuten jeden
Tag verändern dein Leben!

Rechne die Minuten auf längere Zeit hoch. Da werden Tage und Wochen draus, die du zusätzlich für dich verwendest!

Sandra

Deine Nachhilfestunden mit mir haben mir geholfen. Gedacht habe ich, dass es immer am Fach liegt, aber es lag wie du sagtest an meiner Art zu lernen. Du hast mir das lernen beigebracht und nun bin ich im jedem Fach gut und brauche keinen Nachhilfelehrer mehr. Vielen dank dafür Benni.

SCHRIFTLICHE ODER MÜNDLICHE PRÜFUNG?

Jede Prüfungsart erfordert ihre eigene Herangehenswei-se. Hier ein paar Tipps aus meiner Erfahrung:

SCHRIFTLICHE PRÜFUNGEN

👍 Fange dort, wo es eine Vielzahl von Aufgaben gibt, immer von hinten an – denn meistens sind die schwierigeren Aufgaben mit der höheren Punktezahl am Ende zu finden. Zu Beginn einer Prüfung bist du noch viel konzentrierter, hast mehr Energie für knifflige Dinge. Deine Chance, sie richtig zu lösen, steigt dadurch.

👍 Der Faktor Zeit – wiederum ein Argument dafür, von hinten zu beginnen. Hast du fünf Minuten vor Schluss noch das letzte und schwierigste Beispiel vor dir, setzt dich das enorm unter Druck. So hast du es längst hinter dir und die Punkte bereits garantiert. Außerdem: Wenn du vorne beginnst und andere sind schneller, dann hörst du irgendwann das Ra-scheln des Umblätterns – das erzeugt auch Stress in dir.

MÜNDLICHE PRÜFUNGEN:

Du weißt ja: Bei der schriftlichen Prüfung gibt es im Prinzip nur ein „richtig" oder ein „falsch". Bei der mündlichen Prüfung geht es um Sprache. Mach die Sprache zu deinem Kapital.

Erwecke immer den Anschein, dass du den Stoff auch beherrschst!

Ich bekam schon auf mündliche Prüfungen ein „Sehr gut", obwohl ich wenig gelernt und auch nicht viel Ahnung vom Stoff hatte. Nicht dass ich darauf so stolz wäre, doch es zeigt, wie wichtig dein Auftritt ist. Deine Art, dich zu präsentieren, zu artikulieren.

Ich rate dir daher Folgendes:

- 👍 Antworte schon während der Frage! „Benni, die Fotosynthese, was kannst du mir –" Greif die Frage blitzartig auf, erzähl dem Lehrer sofort, womit die Fotosynthese nicht zu verwechseln ist (weil du dich in dem Gebiet womöglich besser auskennst), und erwecke von der ersten Sekunde an den Eindruck: Das ist mein Lieblingsthema überhaupt.
- 👍 Sei euphorisch! – Dein Prüfer muss glauben, dass du ganz allgemein so richtig für sein Fach brennst. Streue immer wieder Worte ein wie: phänomenal, faszinierend, überwältigend, großartig.
- 👍 Zögere keine Sekunde! Lass dir deine Ahnungslosigkeit im Fall des Falles nicht anmerken. Antworte

sofort. Kein „Hmm" oder „Ähhh". Bombardiere den Lehrer mit den wenigen Fakten, die du weißt. Oder mit Zwischenüberschriften, die dir hängengeblieben sind.

👍 Zerlege Wörter! Zum Beispiel Mikroorganismus. „Es handelt sich dabei um einen Mikro-, also sehr kleinen Organismus ... doch was kann man sich darunter vorstellen ..." Und so weiter. Je selbstsicherer du erklärst, je euphorischer du bist, desto besser.

👍 Die Kunst des richtigen Ausweichens! Angenommen, du weißt über den Großteil des Stoffes Bescheid. Du bekommst jedoch die eine Frage über das Gebiet, von dem du keine Ahnung hast. Hier empfiehlt sich die rhetorische Umleitung. Versuche auf Wissensgebiete zu gelangen, in denen du dich auskennst. Ohne, dass es der Prüfer sofort merkt. Behalte das eine große Stichwort, das er dir mit seiner Frage geliefert hat, immer im Auge, erwähne es auch immer wieder – und erkläre, was du rundherum alles weißt.

👍 Sei respektvoll, sachlich und höflich! Gib deinem Prüfer immer das Gefühl, dass er von dir geschätzt und bewundert wird. Auch, wenn du ihn so gar nicht leiden kannst. Das erhöht die Chance, dass er für dich günstige Fragen stellt. Zieh ihn auf deine Seite. Gib ihm das Gefühl, dass du weißt, dass er am längeren Ast sitzt. Lass ihn in dem Glauben. Dein Ziel muss allein lauten: Ich will die bestmögliche Note!

Aber am besten ist natürlich immer,
wenn du erst gar nicht zu einem dieser
rhetorischen Tricks greifen musst und über
die Dinge richtig gut Bescheid weißt.

Weil du inzwischen dieses Buch bis hierher gelesen hast.
Weil du dir alle Lerntechniken angeeignet hast.
Weil du in Sachen Motivation unschlagbar bist.
Weil du dir Prüfungen höherer Schüler aus anderen Klassen be-
sorgt hast, um herauszufinden, worauf dein Lehrer besonderen
Wert legt.
Weil du schon beim Lernen alles richtig gemacht hast.

Nur weißt du womöglich noch nicht, dass es auch noch
eine andere Taktik gibt, die dir auf deinem Weg zum
Lernsieger helfen kann.

SCHLAF DICH SCHLAU!

Sich schlau schlafen?
Ja, das geht tatsächlich. Aber nur, wenn du auch weißt,
wie es funktioniert.

Während du schläfst, versucht dein Gehirn, wichtig von unwich-
tig zu unterscheiden.

Die wichtigen Informationen und Inhalte verfestigt dein
Gehirn. Hier gibt es allerdings einen kleinen Haken: Dein

Gehirn will natürlich in erster Linie, dass du überlebst. Also kann es vorkommen, dass dein Gehirn die binomischen Formeln, die du ihm so mühsam eingetrichtert hast, in der Nacht als nicht überlebensnotwendig betrachtet und wieder löscht.

Wie machst du deinem etwas eigenwilligen Gehirn klar, dass das nicht so geht? Dass es mit dem Löschvorgang warten soll? Wenigstens solange, bis die Prüfung vorbei ist?

Wiederholungen.

Wenn du deinen Lernstoff kurz vor dem zu Bett Gehen noch einmal kurz wiederholst und durchliest, wird es für dein Gehirn schwieriger, diese Informationen zu löschen.

Neurowissenschaftler konnten das anhand von Ratten nachweisen. Die Ratten mussten einen bestimmten Weg gehen. Dabei beobachteten die Wissenschaftler das Aktivierungsmuster in ihren Gehirnen: Die eine Hälfte der Ratten durfte nach dem kleinen Parcours schlafen.

Und das Ergebnis?

Die Tiere konnten sich nach ihrem Schlaf wesentlich besser an ihren Weg erinnern als jene Ratten, die wach blieben. Während sie schliefen, wiederholten sie den zurückgelegten Weg. Und zwar gleich sieben- bis achtmal schneller als im wachen Zustand.

Das bedeutet:

Das Gehirn verfestigt im Schlaf neues Wissen im Rekordtempo!

Genau dasselbe passiert auch bei uns Menschen. Also: Anstatt das Instagram-Profil, das du nicht zum Lernen verwendest, noch vor dem Schlafengehen zu checken, bis dir die Augen zufallen, machst du was?

Richtig! Du liest dir kurz nochmal deinen Stoff durch. Dein Gehirn wird es dir danken und den Lernstoff blitzartig wiederholen, während du schläfst.

Und wie gesagt, das Letzte auf deinem Weg zum Lernsieger:

Der gut Vorbereitete hat öfter Glück!

Also. Glaub an deinen Lernsieg. Ich glaube auch daran.

Benjamin Hadrigan

WICHTIGE FRAGEN

Was habe ich in diesem Buch Neues gelernt?

....

....

....

....

....

....

....

....

....

....

....

....

Was hat mich an diesem Buch fasziniert?

....

....

....

....

....

....

....

....

....

....

....

....

....

Was davon werde ich sicher anwenden?

....

....

....

....

....

....

....

....

....

....

....

....

....

Wo sehe ich mich in einem Monat?

....

....

....

....

....

....

....

....

....

....

....

....

Wie wird mein nächstes Zeugnis aussehen?

Fach   *Note*

....   ☐

....   ☐

....   ☐

....   ☐

....   ☐

....   ☐

....   ☐

....   ☐

....   ☐

....   ☐

....   ☐

Wie wird es sich anfühlen,
dieses Zeugnis in Händen zu halten?

....

....

....

....

....

....

....

....

....

....

....

....

Wer wird mir zu meinen Erfolgen gratulieren? (Namensliste)

1 ....

2 ....

3 ....

4 ....

5 ....

6 ....

7 ....

8 ....

9 ....

10 ....

11 ....

12 ....

13 ....

Wie werde ich mich selbst für meinen nächsten Erfolg belohnen? (Mehrere Varianten, denn du wirst viele Erfolge haben)

....

....

....

....

....

....

....

....

....

....

....

....

Welche Freizeitbeschäftigungen geben mir
Energie und Kraft für's Lernen?

....

....

....

....

....

....

....

....

....

....

....

....

Welche Menschen haben mein Ziel schon erreicht? (Namensliste)

1 . . . .

2 . . . .

3 . . . .

4 . . . .

5 . . . .

6 . . . .

7 . . . .

8 . . . .

9 . . . .

10 . . . .

11 . . . .

12 . . . .

13 . . . .

Welche Vorbilder inspirieren mich, weiter zu machen? (Namensliste)

1 . ...

2 . ...

3 . ...

4 . ...

5 . ...

6 . ...

7 . ...

8 . ...

9 . ...

10 . ...

11 . ...

12 . ...

13 . ...

Wie kann ich den Platz, an dem ich lerne, so gestalten, dass ich mich dort wohlfühle?

....

....

....

....

....

....

....

....

....

....

....

....

Werde ich ein Lernsieger?

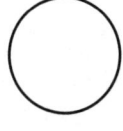

JA

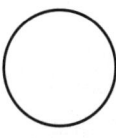

JA

BETTERCADEMY

Falls du noch offene Fragen hast, lade ich dich ein, uns kostenlos unter *support@bettercademy.eu* zu kontaktieren!

Da ich aus eigener Erfahrung weiß, wie es sich anfühlt, vom Schulsystem in Stich gelassen zu werden und täglich in der Schule zu versagen, während einem niemand zeigt, wie man richtig lernt, habe ich eine Academy ins Leben gerufen. Eine Academy, die sich zusätzlich zu diesem Buch ausschließlich darauf konzentriert, dir beizubringen, in der Schule schnell erfolgreich zu werden. Teure Nachhilfestunden, teure Nachhilfebücher und ewig langes und nerviges Pauken kannst du mit der "Bettercademy" endgültig vergessen. Denn dort erkläre ich dir ab 14. August 2019 jedes einzelne Buchkapitel mit Bonusmaterial und weiteren Tipps und Tricks in kurzen und verständlichen Videos. Die Teilnehmerzahl im V.I.P-Kurs ist aus Gründen der Qualität meiner persönlichen Betreuung stark limitiert. Wenn du dir deinen Platz sichern möchtest, meldest du dich am besten jetzt an. Ich freue mich auf deinen Besuch auf unserer Webseite

www.bettercademy.eu

Dort findest du auch alle Informationen über die Preise und möglichen Ermäßigungen. Ich freue mich auf dich!

DANKSAGUNG

Ich danke "Investment Punk" Gerald Hörhan für seine schnelle und unkomplizierte Hilfe und seine Ratschläge.

Ich danke meinen Eltern für all ihre Geduld und dass sie mich trotz allem nie zur Adoption freigegeben haben.